KNODERER 1978

BIBLIOTHÈQUE ROSE ILLUSTRÉE

LE LIVRE
DES MERVEILLES

CONTES POUR LES ENFANTS
TIRÉS DE LA MYTHOLOGIE

PAR NATHANIEL HAWTHORNE

TRADUITS DE L'ANGLAIS
PAR LÉONCE RABILLON

ET ILLUSTRÉS DE 20 VIGNETTES
PAR BERTALL

PREMIÈRE PARTIE

PARIS
LIBRAIRIE DE L. HACHETTE ET Cie
RUE PIERRE-SARRAZIN, N° 14
1858

PRIX : 2 FRANCS

LE LIVRE DES MERVEILLES

TYPOGRAPHIE DE CH. LAHURE
Imprimeur du Sénat et de la Cour de Cassation
rue de Vaugirard, 9

LE LIVRE
DES MERVEILLES

CONTES POUR LES ENFANTS

TIRÉS DE LA MYTHOLOGIE

PAR NATHANIEL HAWTHORNE

TRADUITS DE L'ANGLAIS

PAR LÉONCE RABILLON

ET ILLUSTRÉS DE 40 VIGNETTES

PAR BERTALL

PREMIÈRE PARTIE

PARIS

LIBRAIRIE DE L. HACHETTE ET Cie

RUE PIERRE-SARRAZIN, N° 14

1858

PRÉFACE DU TRADUCTEUR.

Le titre l'indique, ce petit volume n'est qu'une traduction : il forme la première partie d'un ouvrage publié, il y a quelques années, par M. Nathaniel Hawthorne, l'un des écrivains les plus distingués des États-Unis.

Nous n'entreprendrons point d'esquisser ici le portrait littéraire de l'auteur américain. Les revues les plus accréditées de l'Europe l'ont fait depuis longtemps, et toutes ont placé Hawthorne au premier rang des romanciers et des penseurs de notre époque. Quelques-unes de ses productions, aussi populaires en Angleterre qu'en Amérique, ont passé dans notre langue. Le succès obtenu chez les lecteurs français par la *Lettre rouge* et plusieurs autres compositions nous donne l'espoir que le *Livre des Merveilles* pourra intéresser le jeune public auquel il est trop modestement dédié.

Les sujets sont tous tirés de la Mythologie; mais le conteur a su rajeunir avec un bonheur singulier ces légendes qui, répétées à tant de générations dans une forme invariable, finissaient par ne plus offrir qu'un attrait bien affaibli. Les types consacrés de la Fable ont été respectés; seulement l'interprétation d'un esprit ingénieux les a doués vraiment d'une vie nouvelle. Sur le fond primitif et simple de la tradition classique, une imagination facile a semé, dans un style plein d'élégance, mille détails poétiques et charmants. A travers le prisme de cette verve, de cet *humour*, d'antiques sujets semblent comme trouvés d'hier; et, ce qui n'est pas d'un moindre prix, sans doute, dans ces histoires, le moraliste ne reste pas inférieur à l'artiste.

C'est avec défiance que nous nous sommes hasardé à traduire ces récits dont la forme donne tant de grâce à l'œuvre originale. Nous ne nous sommes pas dissimulé le mérite supérieur de nos devanciers; cependant, hôte aujourd'hui de la grande République, nous n'avons pas résisté au désir de faire connaître un des plus jolis livres qui aient jamais été écrits pour l'enfance; et, si un jour notre travail tombe sous les yeux de M. Hawthorne, nous le prions de considérer cet essai simplement comme un hommage rendu à son talent.

Léonce Rabillon.

Baltimore, 20 septembre 1856.

PRÉFACE DE L'AUTEUR.

L'auteur a pensé longtemps qu'un grand nombre de *fables mythologiques* pourraient fournir aux enfants d'excellents sujets de lecture. C'est dans ce but qu'il a réuni dans le petit volume aujourd'hui offert au public une douzaine de récits. Il avait besoin, pour l'exécution de son plan, d'une grande liberté ; mais quiconque essayera de rendre ces légendes malléables au creuset de son intelligence, observera qu'elles sont merveilleusement indépendantes des temps et des circonstances. Elles demeurent essentiellement les mêmes, après une foule de changements qui altéreraient la véracité de toute autre histoire.

L'auteur ne se défendra donc point d'avoir commis un sacrilége, en revêtant parfois d'une forme nouvelle, selon les caprices de son imagination, des figures consacrées par une antiquité de deux ou trois mille ans. Aucune période de temps ne peut prétendre conserver à ces traditions immortelles un type privilégié. Elles semblent n'avoir jamais été créées ; et, sans aucun doute, aussi longtemps que l'homme existera, elles seront impérissables. Aussi, par cela même qu'elles sont indestructibles, chaque âge a le droit de s'en emparer pour les mettre en harmonie avec ses idées et ses sentiments, et leur imprimer le cachet de sa propre moralité. Elles peuvent avoir perdu, dans cette version, une grande partie de leur aspect classique (en tout cas, l'auteur n'a pas pris soin de le conserver) et l'avoir remplacé par un caractère gothique ou romanesque.

En exécutant cette tâche intéressante, car c'était réellement un travail convenable pour les chaleurs de la saison, et du genre littéraire le plus agréable qu'il pût aborder, l'auteur ne s'est pas toujours cru obligé de descendre pour se mettre à la portée de l'intelligence des enfants. Il a généralement laissé son sujet prendre son essor, toutes les fois que telle en était la tendance ; et lui-même s'y est prêté avec complaisance, quand il s'est senti assez léger pour pouvoir le suivre dans ses élans. Les enfants sont doués d'une pénétration d'esprit incroyable pour tout ce qui est profond ou élevé dans le champ de l'imagination ou du sentiment, à la condition qu'ils y rencontrent toujours la simplicité. C'est seulement l'artificiel et le complexe qui les égarent.

Lenox, 15 juillet 1851.

LA
TÊTE DE LA GORGONE

LE PORCHE DE TANGLEWOOD.

Par une belle matinée d'automne on pouvait voir, réunis sous le porche d'une maison de campagne appelée Tanglewood, un certain nombre d'enfants, présidés par un jeune garçon dont la taille dépassait de beaucoup celle de ses camarades. Cette bande joyeuse avait projeté une cueillette parmi les noyers des environs, et attendait avec impatience que le brouillard se fût enlevé sur les collines, et que le soleil eût répandu sa chaleur dans les champs, dans les prairies et à travers les bois, dont l'été indien [1] colorait les feuilles de mille nuances. La matinée promettait l'un des plus beaux jours qui aient jamais égayé l'aspect de la nature, si plein de charmes et de délices. Toutefois le brouillard remplissait encore

1. Été de la Saint-Martin.

la vallée dans toute son étendue, jusqu'à une petite éminence où était située l'habitation.

A moins de cent yards[1] de la maison, une vapeur blanchâtre voilait tous les objets, à l'exception de quelques cimes vermeilles ou jaunies que venaient dorer les premiers rayons du jour, et qui çà et là perçaient l'épaisseur du brouillard. A une distance de quatre ou cinq milles, vers le sud, se dressait le pic du Monument-Mountain[2] qui semblait flotter sur un nuage. Quelques milles plus loin, au dernier plan, surgissait à une plus grande élévation la cime du Taconic, fondue dans une teinte azurée et presque aussi vaporeuse que l'atmosphère humide dont elle était enveloppée; une couronne de légers nuages entourait le sommet des collines qui bordaient la vallée, à demi submergées dans la brume; et, sous le voile dont elle était couverte, la terre elle-même n'offrant plus à l'œil que des lignes indécises, l'ensemble du paysage produisait l'effet d'une vision.

Les enfants dont nous venons de parler, aussi pleins de vie qu'ils pouvaient en contenir, s'élancèrent du porche de Tanglewood, et, s'enfuyant par l'allée sablonneuse, se répandirent en un clin d'œil

---

1. Le *yard* est une mesure anglaise un peu moindre que le mètre.
2. Le Monument-Mountain et le Taconic sont des montagnes du Massachusetts.

sur l'herbe humide de la prairie. Nous ne saurions dire exactement combien il y avait de ces petits coureurs ; pas moins de neuf ou dix, et pas plus d'une douzaine ; petites filles et petits garçons, tous différents de taille et d'âge. C'étaient des frères, des sœurs, des cousins, et quelques jeunes amis invités par M. et mistress Pringle à passer une partie de l'automne avec leurs familles à Tanglewood. Je ne voudrais pas vous dire leurs noms ; je craindrais même de leur en donner qui aient été portés par d'autres enfants : car j'ai connu des auteurs qui se sont attiré de véritables désagréments pour avoir nommé les héros de leurs histoires comme certaines personnes existantes. Pour cette raison, j'appellerai mes petits compagnons Primerose, Pervenche, Joli-Bois, Dent-de-Lion, Bluet, Marguerite, Églantine, Primevère, Fleur-des-Pois, Pâquerette, Plantain et Bouton-d'Or ; noms qui, à tout prendre, conviendraient mieux à un groupe de fées qu'à des enfants réels.

Il ne faut pas croire que ceux qui composaient cette joyeuse petite troupe aient reçu de leurs parents, de leurs oncles, de leurs tantes, de leurs grands-pères ou grand'mères, la permission d'aller courir ainsi à travers champs et bois, sans être sous la tutelle d'une personne particulièrement recommandable par son âge et sa gravité. Ce respectable mentor s'appelait Eustache Bright ; je vous fais connaître son vrai nom, parce qu'il tient à grand honneur d'avoir raconté les histoires qui sont imprimées dans cet ouvrage. Eustache était un élève de *Williams-College*[1], et avait, à cette époque, environ dix-huit ans, âge vénérable qui le faisait passer à ses propres yeux pour un être digne de tout le respect que Dent-de-Lion, Églantine, Fleur-des-Pois, Bouton-d'or et les autres devaient à leurs grands-pères. Une légère fatigue de la vue, maladie que de nos jours bien des écoliers croient nécessaire d'avoir, afin de prouver leur application à l'étude, lui faisait prolonger ses vacances d'une quinzaine. Mais, pour ma part, j'ai rarement rencontré une paire d'yeux qui pussent voir d'aussi loin et plus parfaitement que les yeux d'Eustache Bright.

Ce savant écolier, mince et pâle, comme le sont en général les étudiants du nord de l'Amérique, était aussi léger et aussi vif que s'il eût eu des ailes à ses chaussures. Aimant fort, par parenthèse, à passer les ruisseaux à gué, et à traverser les prairies humides, il avait mis pour cette expédition de grandes bottes de cuir de vache. Il portait une blouse de toile, une casquette de drap, et une paire de lunettes vertes, précaution probablement moins essentielle la conservation de sa vue qu'à la dignité de son rôle. En tout cas, il aurait aussi bien fait de ne pas

---

1. Célèbre institution du Massachusetts.

se donner ce dernier embarras ; car, à peine venait-il de s'asseoir sur les marches du porche, qu'Églantine, en vrai lutin, se glissa derrière lui, les lui enleva du nez pour les mettre sur le sien ; et, comme l'étudiant oublia de les lui reprendre, elles tombèrent dans l'herbe, où elles restèrent jusqu'au printemps suivant.

Il faut vous dire qu'Eustache Bright avait acquis parmi les enfants une grande réputation comme conteur de récits merveilleux. Bien qu'il se prétendît fatigué toutes les fois que ses auditeurs, qui ne se lassaient pas de l'entendre, lui en demandaient encore un autre, je doute réellement que rien pût lui faire autant de plaisir que de les leur débiter. Vous eussiez pu vous en apercevoir à un certain jeu de paupières significatif, lorsque Marguerite, Joli-Bois, Primevère, Bouton-d'Or et la plupart de ses petits compagnons, le supplièrent de raconter quelqu'une de ses histoires, en attendant que le brouillard fût dissipé.

« Oui, cousin Eustache, dit Primerose, pétillante enfant de douze ans, avec des yeux pleins de malice et un petit nez relevé, le matin est le meilleur moment de la journée pour raconter vos histoires qui sont toujours si longues. Nous serons moins exposés à blesser votre susceptibilité en nous endormant aux passages les plus intéressants, ce que la petite Primevère et moi nous avons fait hier au soir !

— Méchante! cria Primevère, petite fille agée de six ans, je ne me suis pas endormie; j'ai seulement fermé les yeux, comme pour voir le tableau dont nous parlait cousin Eustache. Ses histoires sont au contraire bien jolies le soir, parce qu'on en rêve quand on dort, et bien belles le matin, parce qu'on en rêve tout éveillé. Aussi, j'espère qu'il va nous en raconter une tout de suite.

— Merci, ma petite Primevère, reprit Eustache; je vais certainement vous conter les plus charmantes histoires que je pourrai imaginer, quand ce ne serait que pour avoir pris ma défense contre cette maligne de Primerose. Mais, chers enfants, je vous ai déjà dit tant de contes de fées, que j'ai bien peur de vous endormir tout à fait si je me répète encore.

— Non! non! non! crièrent à la fois Bluet, Pervenche, Pâquerette, Plantain et les autres, nous aimons mieux les histoires que nous avons déjà entendues. »

Et c'est une vérité, qu'un récit paraît d'autant plus intéresser les enfants qu'ils le connaissent davantage, et que leur esprit en est plus profondément pénétré. Mais Eustache Bright, dans l'exubérance de ses ressources, dédaignait de tirer avantage d'une permission dont se serait empressé de profiter un narrateur plus âgé.

« Il serait bien fâcheux, dit-il, qu'un homme de

mon érudition (pour ne pas parler de l'originalité de son imaginative) ne fût pas capable d'offrir chaque jour une histoire différente à des enfants comme vous. Écoutez bien ; je vais vous dire un de ces contes de nourrice, inventés pour amuser la Terre, notre vieille, vieille grand'mère, quand elle était petite fille en jupon et en sarrau. Il y en a une centaine, et je n'en reviens pas de ce qu'ils n'ont point été recueillis dans des livres d'images destinés aux petites filles et aux petits garçons. Au lieu de cela, les barbes grises se creusent la tête à les étudier dans de gros bouquins grecs couverts de poussière, et cherchent à savoir comment et pourquoi ils ont été inventés.

— Assez, assez, cousin Eustache! crièrent d'une seule voix tous les enfants; ne parlez plus de vos histoires, mais racontez-en une.

— Asseyez-vous donc autour de moi, dit Eustache, et restez tranquilles comme des souris. A la moindre interruption de Primerose ou des autres, j'arrête mon histoire d'un coup de dent, et j'avale le reste. Mais d'abord, y a-t-il parmi vous quelqu'un qui sache ce que c'est qu'une Gorgone?

— Moi! répondit Primerose.

— Eh bien! gardez-le pour vous, répliqua Eustache, qui aurait préféré qu'elle n'en sût rien ; je vais vous conter une histoire sur la tête d'une Gorgone. »

Et il commença, comme vous pouvez vous en convaincre à la page suivante. Tout en se servant des matériaux que lui fournissait son érudition, et dont il était redevable au professeur Anthon, il ne manquait pas d'avoir le plus profond dédain pour les autorités classiques en général, et de s'en écarter aussi souvent qu'il y était poussé par l'audace de son imagination vagabonde.

LA TÊTE
DE LA GORGONE.

Persée devait le jour à Danaé, qui elle-même était la fille d'un roi. A peine âgé de quelques années, de méchantes gens le mirent avec sa maman dans une boîte, et les livrèrent ainsi aux flots de la mer. Le vent souffla vivement, poussa la boîte loin du rivage, et les vagues capricieuses l'emportèrent en la secouant avec rudesse. Danaé serrait son enfant sur son sein, et tremblait à chaque instant de voir engloutir sa frêle embarcation, qui continua cependant à voguer, sans couler à fond ni même se renverser. Vers la fin du jour, elle flotta si près d'une île, qu'elle se trouva prise dans les filets d'un pêcheur, et fut déposée sur le rivage. L'île s'appelait Sériphus, et obéissait aux lois de Polydecte, qui par hasard était frère du pêcheur.

Ce dernier, je suis heureux d'avoir à le dire, était à la fois rempli d'honneur et de générosité. Il montra la plus grande bienveillance à Danaé et à son petit garçon, et leur continua ses bontés jusqu'à ce que Persée fût devenu un bel adolescent plein de force et de courage, et très-habile dans le maniement des armes.

Malheureusement le roi Polydecte n'était ni bon, ni bienveillant, comme son frère le pêcheur; tout au contraire. Aussi résolut-il de charger Persée d'une entreprise périlleuse où il perdrait probablement la vie, ce qui lui permettrait d'exercer contre Danaé quelque cruelle persécution. Il se mit donc à chercher quelle était la chose la plus dangereuse qu'un jeune homme pût entreprendre. A force de méditations, ayant découvert une aventure dont l'issue ne pouvait manquer d'être aussi fatale qu'il le souhaitait, il envoya chercher le jeune Persée.

Celui-ci arriva au palais et parut devant le roi, qui était assis sur son trône.

« Persée, dit le roi Polydecte en lui souriant malicieusement, voilà que tu es devenu un grand et beau garçon. Ta bonne mère et toi, vous avez reçu de nombreuses marques de ma bienveillance personnelle, ainsi que de la bonté de mon digne frère le pêcheur; je suppose que tu ne serais pas fâché de m'en témoigner ta reconnaissance.

— Votre Majesté n'a qu'à commander, répondit Persée; je suis prêt à risquer ma vie pour lui en donner la preuve.

— Eh bien! alors, poursuivit le roi avec un sourire de plus en plus malicieux, j'ai une petite expédition à te proposer; et, comme tu es un jeune homme courageux et entreprenant, ce sera pour toi une excellente occasion de te distinguer. Tu sauras que je pense à me marier à la belle princesse Hippodamie. Il est d'usage, dans une telle circonstance, de faire à sa fiancée un présent d'une rareté singulière et d'une élégance recherchée. J'ai été d'abord, je l'avoue sans honte, un peu embarrassé pour deviner ce qui pouvait plaire à une princesse d'un goût aussi délicat. Mais je me flatte d'avoir découvert, ce matin même, l'objet qui m'est nécessaire.

— Et puis-je avoir l'honneur d'aider Votre Majesté à se procurer cet objet? s'écria Persée avec empressement.

— Tu le peux, si tu es aussi brave que je le crois, répliqua le roi Polydecte en prenant un air des plus gracieux. Le présent que je tiens à offrir à la belle Hippodamie, c'est la tête de la Gorgone Méduse, avec sa chevelure de serpents; je compte sur toi, mon cher Persée, pour me la procurer; et, comme je brûle de terminer avec la princesse, plus tôt tu iras à la recherche de la Gorgone, et plus je serai satisfait.

— Je partirai dès demain matin, répondit le jeune homme.

— Je t'en prie, n'y manque pas, mon brave ami; surtout, fais attention, en tranchant la tête, à exécuter la chose avec dextérité, afin de ne rien changer à sa physionomie. Tu l'apporteras ici dans le meilleur état possible, et je ne doute pas que cela ne plaise à ma charmante princesse, quelque difficile qu'elle puisse être. »

Persée n'eut pas plus tôt quitté le palais, que Polydecte se mit à rire aux éclats, ravi, en méchant roi qu'il était, d'avoir tendu si facilement un bon piége à l'imprudent jeune homme. La nouvelle se répandit bien vite au dehors que Persée avait entrepris de trancher la tête de *Méduse aux cheveux de serpents*. Tout le monde fut dans la joie; car la plupart des habitants de l'île étaient aussi méchants que le monarque lui-même, et se faisaient une fête de voir arriver quelque horrible malheur au fils de Danaé. Peut-être n'y avait-il d'honnête homme dans tout le pays que le bon pêcheur, frère du méchant Polydecte. Lorsque Persée se mit en route, le peuple le montrait au doigt en faisant des grimaces; chacun clignait de l'œil d'une manière significative, et le tournait en ridicule.

« Ah! ah! criait-on, les serpents de Méduse vont joliment le mordre! »

Il faut vous dire qu'il y avait à cette époque trois Gorgones; c'étaient les monstres les plus étranges et les plus terribles qu'on eût vus depuis que le monde existait, et probablement on n'en verra jamais d'aussi affreux dans l'avenir. Je ne sais réellement pas quelle place donner à ces affreuses créatures, et si elles appartenaient à la terre ou à l'enfer. C'étaient trois sœurs qui semblaient avoir quelque ressemblance avec les femmes; pourtant elles appartenaient bien positivement à la plus horrible espèce de dragons et à la plus dangereuse. Il serait difficile d'imaginer quel aspect hideux présentaient ces trois monstres : au lieu de cheveux, croirez-vous que les Gorgones avaient sur la tête une centaine de reptiles se tordant, se repliant, s'entrelaçant, et allongeant des langues venimeuses armées d'un double dard? Leurs dents étaient des défenses d'une longueur effrayante; leurs mains étaient d'airain; leur corps était couvert d'écailles au moins aussi dures et aussi impénétrables que le fer; en outre, elles avaient des ailes, et de splendides, je vous en réponds, car chaque plume était de l'or le plus pur : aussi, quand elles prenaient leur vol au soleil, on en restait ébloui.

Mais ceux qui, par hasard, devenaient témoins de leur éclatante apparition dans les airs, ne s'arrêtaient pas à les contempler ; ils s'enfuyaient à toutes jambes, de peur d'être piqués par les serpents, d'avoir la tête broyée par les horribles mâchoires des Gorgones, ou d'être mis en pièces par leurs griffes d'airain. A coup sûr, c'étaient là de grands dangers, mais non pas les plus difficiles à éviter ; ce qu'il y avait de plus redoutable dans l'apparition des Gorgones, c'est l'effet que produisait leur aspect horrible sur les mortels : car il suffisait à un homme de regarder un de ces monstres, pour être immédiatement changé en statue de pierre.

C'était donc une aventure bien périlleuse qu'avait imaginée le roi Polydecte pour perdre l'innocent jeune homme. Persée lui-même, quand il y eut réfléchi, pensa qu'il avait fort peu de chances de réussir, que probablement il serait transformé en bloc de pierre lorsqu'il approcherait de Méduse, et que par conséquent il ne pourrait pas rapporter la tête de la Gorgone. Sans parler des autres difficultés, il en existait une qui aurait embarrassé un homme plus expérimenté que lui. Non-seulement il lui fallait combattre et tuer ce monstre aux ailes d'or, aux écailles de fer, aux dents énormes, aux griffes de bronze et à la chevelure de serpents ; mais il fallait y parvenir en ayant les yeux fermés : car, en moins d'un clin d'œil, son bras, levé pour frapper, se serait pétrifié comme tout le reste de son corps, et aurait conservé cette position pendant des siècles, jusqu'à ce que le temps l'eût réduit en poussière. C'était une bien sombre perspective pour un jeune homme ambitieux d'accomplir un grand nombre d'exploits, et qui se croyait destiné à jouir de tant de bonheur dans ce monde si brillant et si beau.

Ces réflexions jetaient une telle tristesse dans le cœur de Persée, qu'il ne put se décider à dire à sa mère ce qu'il allait entreprendre. Après s'être armé de son bouclier et de son glaive, il traversa le détroit qui séparait l'île de la terre ferme. Arrivé là, il s'assit dans un lieu solitaire, et ne parvint pas à retenir ses larmes.

Mais, tandis qu'il s'abandonnait à son chagrin, il entendit une voix derrière lui qui disait :

« Persée, pourquoi es-tu si triste ? »

Il leva la tête, fort surpris de ce qu'il venait d'entendre, car il se croyait seul, et vit un étranger à l'œil vif, intelligent et remarquablement rusé, qui avait un manteau flottant sur les épaules, un chapeau bizarre sur la tête, à la main un petit bâton contourné d'une singulière façon, et un glaive très-court et fort recourbé au côté. Il paraissait excessivement actif et léger dans sa démarche, comme une personne accoutumée aux exercices gymnastiques et habile à sauter ou à courir. Il avait en outre un air si gai, si fin et si complaisant, bien qu'un peu malicieux, que Persée n'éprouva pas la moindre gêne en le regardant. Seulement, comme il était vraiment intrépide de sa nature, il se sentit confus d'avoir été surpris versant des larmes comme un timide écolier, quand après tout il pouvait bien ne pas y avoir à se désespérer. Il essuya donc ses yeux, et répondit à l'inconnu de l'air le plus dégagé qu'il lui fut possible de prendre :

« Je ne suis pas triste, mais je rêve à une aventure que je veux tenter.

— Dis-moi ce que c'est, reprit l'étranger ; et, lorsque tu m'auras mis au courant de ce que tu veux faire, je te serai peut-être de quelque utilité. J'ai tiré d'embarras beaucoup de jeunes gens dans des circonstances que l'on avait, de prime abord, jugées très-difficiles. Tu n'es pas sans avoir entendu parler de moi, je suis connu sous plus d'un nom ; mais celui de *Vif-Argent* me convient aussi bien que tout autre. Dis-moi quel est ton embarras. Nous en causerons, et nous verrons ensuite ce que nous avons à faire. »

Les paroles et les manières de l'étranger ranimèrent aussitôt l'espérance du jeune homme. Il résolut de confier à Vif-Argent toutes ses perplexités ; elles ne s'en augmenteraient pas, et il se pouvait que son nouvel ami lui donnât quelques conseils dont il eût à se féliciter plus tard. Il lui conta donc en peu de mots comment le roi Polydecte avait besoin de la tête de Méduse pour l'offrir en cadeau de noces à la princesse Hippodamie ; comment il s'était engagé à la lui procurer, mais qu'il avait peur d'être changé en pierre avant d'y parvenir.

« Et ce serait grand dommage », répondit Vif-Argent avec un sourire plein de malice. Tu ferais, il est vrai, une belle statue de marbre, et tu resterais ainsi bien longtemps avant de tomber en poussière; mais on aime encore mieux être un jeune homme pendant quelques années qu'un bloc de pierre pendant des siècles.

— Mille fois! s'écria Persée les yeux encore humides. Et puis, que deviendrait ma bonne mère, si son fils bien-aimé subissait une telle métamorphose?

— Eh bien! espérons que l'entreprise n'aura pas de résultats aussi fâcheux, répliqua l'étranger d'un ton encourageant. Si quelqu'un a le pouvoir de t'aider dans cette conjoncture, c'est moi. Ma sœur joindra ses bons services aux miens, et tu pourras triompher, quelque peu nombreuses que te paraissent aujourd'hui les chances de succès.

— Votre sœur? répéta Persée.

— Ma sœur, répliqua Vif-Argent. C'est une personne pleine de sagesse. Quant à moi, je ne suis jamais à court d'expédients. Si tu as du courage et de la prudence, et que tu veuilles suivre ponctuellement nos conseils, tu n'as pas à craindre un seul instant d'être pétrifié par la Gorgone. Commence d'abord par rendre ton bouclier assez brillant et assez poli pour que tu puisses t'y voir aussi distinctement que dans un miroir. »

Ce début sembla passablement étrange au fils de Danaé, car il croyait beaucoup plus important d'avoir un bouclier assez fort pour le protéger contre les griffes d'airain de la Gorgone, que de pouvoir s'y mirer. Néanmoins, persuadé que Vif-Argent en savait plus long que lui, il se mit immédiatement à l'œuvre, et frotta son bouclier avec tant de cœur et d'activité, qu'avant peu il devint aussi brillant que la pleine lune à l'époque de la moisson. Vif-Argent regarda ce travail avec un sourire, et fit un signe d'approbation. Ensuite, détachant son petit glaive recourbé, il en ceignit Persée, qui se débarrassa du sien.

« Aucune autre arme que la mienne ne peut te convenir pour le but que tu te proposes, lui dit-il; la lame en est d'une trempe supérieure, et tu pourras couper le fer et le bronze aussi facilement que le plus tendre rameau. Maintenant nous allons partir. La première chose à faire est de trouver les trois vieilles femmes aux cheveux gris, qui nous diront où l'on peut découvrir les Nymphes.

— Les trois femmes aux cheveux gris! s'écria Persée, à qui cela parut une nouvelle difficulté à surmonter. Dites-moi, je vous prie, quelles peuvent être ces trois femmes dont je n'ai jamais entendu parler de ma vie.

— Ce sont de vieilles dames fort étranges, dit en riant Vif-Argent. Elles n'ont qu'un œil et qu'une dent pour elles trois ; c'est, en outre, à la clarté des étoiles, ou à la tombée de la nuit, qu'il faut les aborder : car elles ne se montrent jamais en plein jour, ni même au clair de lune.

— Mais pourquoi perdre mon temps à la recherche de ces trois vieilles femmes ? demanda Persée. Ne vaudrait-il pas mieux se mettre tout de suite en quête des terribles Gorgones ?

— Non, pas du tout. Il y a bien d'autres choses à accomplir avant d'arriver à ces dernières. Le seul moyen d'y parvenir, c'est de découvrir les trois vieilles, et, quand nous les aurons rencontrées, tu peux être bien sûr que les Gorgones ne seront pas loin. Mettons-nous donc en marche. »

Après ces paroles, notre héros se sentit tant de confiance dans la sagacité de son conseiller, qu'il ne fit plus d'objections, et se déclara prêt à commencer immédiatement son entreprise. Ils se décidèrent donc à partir, et cheminèrent d'un si bon pas, que Persée trouva assez difficile de suivre son agile compagnon. Pour parler net, il lui vint l'idée singulière que ce dernier était pourvu de souliers ailés, qui devaient, cela va sans dire, l'aider merveilleusement. Et puis, quand Persée le regardait du coin de l'œil, il lui semblait qu'il avait aussi des ailes de chaque côté de la tête ; mais, dès qu'il le regardait en face, il ne voyait plus rien qu'un chapeau d'une forme assez curieuse. Quant au bâton dont nous avons parlé, il était assurément d'une grande utilité à Vif-Argent, et communiquait à sa marche une si grande vitesse, que Persée, tout remarquable qu'il fût pour son agilité, commençait à perdre haleine.

« Tiens! lui dit enfin son compagnon, se doutant bien de la peine que Persée avait à le suivre, prends ce bâton, dont tu as bien plus besoin que moi. N'y a-t-il pas de meilleurs marcheurs que toi dans l'île de Sériphus?

— Je marcherais tout aussi vite qu'un autre, dit Persée en lançant un coup d'œil malin aux pieds de son conducteur, si j'avais seulement une paire de sandales qui eût des ailes.

— Je vais essayer de t'en procurer, » répondit Vif-Argent.

Cependant le bâton était d'une telle assistance à Persée, qu'il ne sentit plus la moindre fatigue. En effet ce bâton s'était animé dans sa main, et lui avait transmis une portion de la vie qu'il venait de recevoir. Dès ce moment les deux voyageurs continuèrent leur route en causant avec la plus agréable familiarité; Vif-Argent surtout racontait un si grand nombre d'aventures extraordinaires qui lui étaient arrivées, et dans lesquelles son esprit inventif l'avait toujours tiré d'embarras, que Persée commença à le regarder comme un personnage tout à fait merveilleux. Il avait évidemment une grande expérience du monde, et rien n'est plus utile à un jeune homme qu'un ami possédant à fond les connaissances nécessaires à la pratique de la vie : aussi Persée écoutait-il avec une grande attention tout ce que disait son guide, dans l'espérance d'enrichir son esprit de tout ce qu'il entendait.

A la fin il se rappela que Vif-Argent avait parlé d'une sœur qui devait apporter son concours dans l'entreprise qu'ils poursuivaient.

« Où est-elle ? demanda-t-il ; est-ce que nous la verrons bientôt ?

— Chaque chose a son temps, répondit son compagnon ; cette sœur dont je te parlais, il faut bien que tu le saches, est d'un caractère tout différent du mien. C'est une personne grave et prudente qui ne sourit jamais, qui rit encore moins, et s'est fait une règle de ne point ouvrir la bouche sans avoir à dire quelque chose de profond. Elle ne prête non plus l'oreille qu'aux paroles qui sont empreintes d'une véritable sagesse.

— Mon Dieu ! s'écria Persée, je n'oserai jamais prononcer une syllabe en sa présence.

— C'est une personne accomplie, continua Vif-Argent ; elle connaît tous les arts et possède toutes les sciences ; en un mot, elle est tellement parfaite, que bien des gens l'appellent la *Sagesse*. Mais, il faut te l'avouer, sa gravité et ma pétulance ne s'accordent pas beaucoup, et je crois qu'en voyage sa compagnie te serait moins agréable que la mienne. Elle a cependant des traits d'esprit assez lumineux; du reste, tu devras mettre ses conseils à profit lors de ta rencontre avec les Gorgones. »

Pendant qu'ils causaient ainsi, le jour commençait à s'assombrir. Ils étaient parvenus à un endroit désert et sauvage, encombré de buissons et de broussailles, si calme et si solitaire, qu'il semblait n'avoir jamais été exploré par personne. Tout dans ce lieu inculte prenait un aspect désolé, à la faible lueur d'un crépuscule qui devenait de plus en plus obscur, et Persée, regardant autour de lui d'un air un peu décontenancé, demanda à Vif-Argent s'ils avaient encore loin à aller.

« Chut! ne fais pas de bruit, répondit Vif-Argent; voici justement l'heure et l'endroit où nous pouvons rencontrer les trois femmes aux cheveux gris. Aie bien soin qu'elles ne t'aperçoivent pas avant que tu les aies vues toi-même : car, bien qu'elles n'aient qu'un seul œil pour elles trois, il est doué d'une vue aussi perçante que trois paires d'yeux ordinaires.

— Et comment ferai-je pour ne pas me laisser voir lorsqu'elles vont arriver ? » demanda Persée à Vif-Argent.

Celui-ci lui expliqua comment s'y prenaient ces vieilles femmes avec le seul œil qu'elles avaient pour elles trois; elles en faisaient usage, à ce qu'il paraît, chacune à leur tour, comme d'une paire de lunettes, ou, pour mieux dire, comme d'un simple lorgnon. Quand l'une des trois sœurs avait gardé l'œil pendant un certain temps, elle le sortait de son orbite et le cédait à celle des deux autres dont le tour était arrivé, et qui se l'appliquait immédiatement au front, pour jouir un instant du spectacle de la nature. De cette manière, il est facile de comprendre qu'une seule des trois femmes possédait le sens de la vue, pendant que ses deux sœurs étaient aveugles ; en outre, au moment où l'œil passait d'une main dans l'autre, aucune de ces pauvres vieilles ne percevait la lumière. J'ai entendu parler de choses bien étranges ; mais aucune, suivant moi, n'est comparable à la bizarrerie que présentent ces trois vieilles femmes n'ayant qu'un seul œil à leur service. Telle était aussi l'opinion de Persée, dont l'étonnement ne faisait que grandir ; il n'était pas loin de croire que son compagnon de voyage se moquait de lui, et que de pareilles créatures n'avaient jamais existé.

« Tu verras bientôt si je t'ai trompé, dit Vif-Argent. Écoute plutôt ! Chut ! les voilà ! »

Persée regarda de tous ses yeux dans les ténèbres, et finit par entrevoir, de manière à ne plus en douter, les trois vieilles femmes à peu de distance de l'endroit où il était. Il faisait si noir, qu'il eut de la peine à distinguer leur visage. Il remarqua seulement de longues chevelures grises ; et, comme elles s'avançaient toujours, il s'assura que deux d'entre elles avaient au milieu du front un trou qui était vide ; mais la troisième sœur avait son orbite pourvu d'un œil grand ouvert, qui étincelait comme un gros diamant à une bague. Cet œil lui parut si pénétrant, qu'il lui supposa la faculté de voir dans les ténèbres les plus profondes tout aussi distinctement qu'en plein midi. La vue des trois sœurs était concentrée dans cet organe unique.

Cependant les trois vieilles cheminaient à leur aise, comme si elles y avaient vu toutes les trois à la fois ; celle qui possédait l'œil en ce moment conduisait les deux autres par la main, jetant sans cesse autour d'elle des regards si attentifs, que Persée tremblait qu'elle ne vînt à le découvrir à travers l'épais et sombre buisson derrière lequel Vif-Argent et lui s'étaient blottis. Par ma foi, c'était vraiment terrible de se trouver à la portée d'un œil aussi perçant.

Avant d'arriver au plus épais des broussailles, l'une des trois femmes prit la parole :

« Sœur Infernale, s'écria-t-elle, n'y a-t-il pas assez longtemps que vous avez l'œil ? A mon tour, s'il vous plaît.

— Encore un petit moment, Satanite, répondit Infernale. J'ai cru entrevoir quelque chose derrière un buisson épais qui n'est pas bien loin de nous.

— Et quand ça serait, riposta Satanite en grognant, ne verrai-je pas dans les broussailles aussi clairement qu'une autre? Cet œil est à moi comme à vous, et je sais la manière de m'en servir aussi bien que vous, si ce n'est mieux; donnez-le-moi, vous dis-je, que je regarde tout de suite le buisson dont vous parlez. »

Mais la troisième sœur, dont le nom était Branlante, commença à se plaindre, prétendant que c'était son tour d'avoir l'œil, et qu'Infernale et Satanite voulaient en jouir à elles seules. Pour terminer la querelle, Infernale retira l'œil de son front, et le présenta aux deux autres.

« Allons, pas de dispute; le voilà, prenez-le, dit-elle. Pour ma part, je ne suis pas fâchée de rester un peu dans l'obscurité. Prenez-le donc vite, ou je le garde et me le remets au front. »

Satanite et Branlante avancèrent leurs mains à tâtons, pour recevoir l'œil que tenait toujours leur sœur; mais comme elles étaient aveugles, il leur devenait très-difficile d'atteindre ce précieux objet, car elles ne percevaient aucun des rayons qui s'échappaient de cet œil brillant, et demeuraient toutes les trois dans la nuit la plus profonde, où les retenait leur trop vive impatience de voir. Vif-Argent s'était fort amusé du spectacle de Satanite et de Branlante s'empressant toutes les deux de chercher l'œil à tâtons, et de leur désappointement de ne pas rencontrer la main de leur sœur ; il eut grand'peine à s'empêcher d'éclater de rire.

« Voilà le bon moment pour toi, souffla-t-il à l'oreille de Persée. Vite ! vite ! élance-toi sur Infernale, et arrache-lui son œil de la main avant que l'une des deux autres ait pu le mettre à son front. »

Et, tandis que les trois vieilles femmes aux cheveux gris continuaient à se quereller, Persée franchit d'un seul bond le fourré de broussailles, et accomplit sa conquête. L'œil merveilleux, une fois dans sa main, jeta des flammes et le regarda en face d'un air d'intelligence, comme s'il eût compris sa pensée. Les vieilles femmes ne savaient rien de ce qui venait d'arriver, et chacune d'elles supposant qu'une de ses sœurs était en jouissance de l'œil, elles recommencèrent leur dispute. A la fin, comme Persée ne voulait pas mettre ces respectables matrones dans un plus grand embarras qu'il n'était nécessaire, il crut devoir leur expliquer ce dont il s'agissait.

« Mes bonnes dames, leur dit-il, je vous en prie, ne vous fâchez plus ; c'est moi qui ai l'honneur de tenir dans ma main votre œil d'un éclat si vif et si magnifique.

— Notre œil ! et qui êtes-vous ? » répliquèrent les trois sœurs en faisant retentir l'air d'un seul cri déchirant. Elles furent en effet terriblement

Mes bonnes dames, leur dit-il, ne vous fâchez plus. (*La tête de la Gorgone.*)

effrayées, cela se comprend, en entendant une voix étrangère, et en apprenant que leur œil était entre les mains d'un inconnu. « Et qu'allons-nous devenir? s'écrièrent-elles; nous sommes plongées dans d'horribles ténèbres! Rendez-nous notre œil, notre seule, notre précieuse, notre unique lumière!

— Promets-leur, murmura Vif-Argent à Persée, que tu le leur rendras aussitôt qu'elles t'auront indiqué la demeure des Nymphes dépositaires des *sandales volantes*, de la *besace magique* et du *casque d'invisibilité*.

— Mes chères, mes bonnes et aimables dames, dit alors Persée en s'adressant aux trois vieilles, ne vous alarmez pas; je ne suis point du tout un méchant homme. Vous rentrerez en possession de votre œil, que je vous rendrai intact et dans tout son éclat, dès que vous m'aurez enseigné la retraite des Nymphes.

— Les Nymphes, grands dieux! et de quelles Nymphes veut-il nous parler, mes sœurs? dit Satanite. Il y a toutes sortes de Nymphes, à ce qu'on assure: les unes se livrent à la chasse dans les bois; les autres habitent au milieu du feuillage, ou bien ont un séjour tranquille aux sources des rivières. Nous ne savons rien des Nymphes. Nous sommes trois malheureuses vieilles femmes qui s'en vont errant dans l'ombre, n'ayant jamais eu qu'un œil à elles trois, et cet œil, c'est vous qui le possédez. Rendez-le-nous, bon étranger! qui que vous soyez, rendez-le nous! »

Pendant tout ce temps-là, les trois vieilles femmes aux cheveux gris cherchaient à tâtons et allongeaient leurs bras, en faisant tous leurs efforts pour se saisir de Persée; mais il eut le plus grand soin de rester à l'abri de leur atteinte.

« Mes respectables dames, répéta-t-il, car il devait à sa mère les façons les plus polies, je tiens toujours votre cher trésor, et je le garderai jusqu'à ce que vous me disiez où je peux trouver les Nymphes. Je veux parler de celles qui disposent de la besace enchantée, des sandales volantes et du.... du.... qu'est-ce que c'est déjà? ah! du casque de l'invisibilité.

— Miséricorde, mes pauvres sœurs! de quoi parle donc ce jeune homme? s'écrièrent les trois vieilles en s'interrogeant d'un air étonné; une paire de sandales volantes! dit-il; mais ses talons voleraient bien vite plus haut que sa tête, s'il était assez fou pour se les attacher. Un casque d'invisibilité! Comment un casque pourrait-il le rendre invisible, à moins d'être suffisamment grand pour le cacher tout entier? Et une besace enchantée! Je vous le demande, quelles inventions ne va-t-on pas imaginer! Non, non, vous vous trompez, mon bon jeune homme; nous ne pouvons rien vous dire relativement à ces choses merveilleuses. Vous avez vos deux yeux ; vous possédez le moyen de découvrir les merveilles dont vous parlez, beaucoup mieux que trois pauvres créatures comme nous, qui sommes vieilles et aveugles. »

En les entendant parler ainsi, le jeune homme commençait à croire que les femmes aux cheveux gris ne savaient rien de cette affaire ; et, comme il lui en coûtait de les avoir mises dans une telle inquiétude, il était sur le point de leur restituer leur œil et de leur offrir ses excuses pour la grossièreté qu'il avait commise à leur égard ; mais Vif-Argent lui arrêta la main :

« Ne sois pas leur dupe, lui dit-il. Ces trois femmes sont les seules créatures qui puissent t'indiquer le séjour des Nymphes ; et, à moins d'obtenir ce renseignement, tu ne réussiras jamais à trancher la tête de Méduse. Tiens bien l'œil, et tout ira selon tes souhaits. »

Vif-Argent avait raison. Il y a peu de choses qu'on estime autant que ses yeux, et l'œil unique des vieilles femmes aux cheveux gris avait pour elles autant de valeur qu'une demi-douzaine d'yeux, nombre qui aurait dû leur échoir naturellement. Comprenant qu'il n'y avait pas d'autre moyen d'en recouvrer la propriété, elles finirent par dévoiler à Persée le secret qu'il désirait connaître. Elles n'eurent pas plus tôt satisfait à sa demande, qu'il replaça lui-même, avec le plus grand respect, l'œil à la place qu'il devait occuper au front de l'une d'elles, les remercia de leur complaisance et leur dit adieu. A peine étaient-elles assez loin pour ne pas être entendues, qu'elles recommencèrent la discussion, parce qu'Infernale, avait déjà joui de son tour au moment de leur rencontre avec Persée.

Il est à craindre que les trois femmes aux cheveux gris ne fussent habituées à voir leur bonne harmonie souvent troublée par des disputes de cette nature. C'était d'autant plus triste, qu'elles ne pouvaient guère se passer les unes des autres, et qu'évidemment elles étaient destinées à vivre inséparables. Aussi, tous ceux qui, vieux ou jeunes, amis ou frères, n'ont par hasard qu'un œil à leur service, feront bien de se montrer patients les uns pour les autres, et de ne pas exiger tous à la fois de l'avoir à leur disposition.

Tandis que les trois vieilles continuaient à se quereller, Vif-Argent et Persée cheminaient aussi vite que possible, afin de se rendre auprès des fameuses Nymphes. Les vieilles dames leur avaient donné des renseignements si exacts et si détaillés, qu'ils ne furent pas longtemps sans découvrir la demeure de celles qu'ils cherchaient. Les Nymphes étaient bien loin de ressembler à Satanite, à Infernale et à Branlante. Au lieu d'être vieilles, elles

La seconde sandale ouvrit ses ailes (*La tête de la Gorgone*).

étaient jeunes et belles, et avaient chacune deux yeux excessivement brillants, dont elles dirigèrent du côté de Persée les regards pleins de douceur et de bonté. Elles semblaient connaître Vif-Argent : car, aussitôt qu'il leur eut conté l'entreprise de Persée, elles ne firent aucune difficulté de lui remettre les objets merveilleux qui leur étaient confiés. D'abord, elles apportèrent un petit sac de peau de daim, orné de broderies étranges, lui recommandèrent d'en avoir le plus grand soin et d'avoir confiance au pouvoir de ce talisman : c'était la besace magique. Ensuite les Nymphes exhibèrent une paire de sandales garnies au talon d'une couple de jolies petites ailes.

« Mets-les à tes pieds, dit Vif-Argent; tu vas te sentir aussi léger que tu peux le désirer pour le reste du voyage. »

Persée posa l'une des sandales à côté de lui pour s'attacher l'autre bien vite; mais, pendant qu'il mettait la première, la seconde sandale ouvrit ses ailes, se mit à voltiger, et aurait probablement disparu, si Vif-Argent, d'un bond, ne l'eût heureusement rattrapée.

« Il faut faire plus attention, dit-il en la remettant à Persée; les oiseaux s'épouvanteraient dans les airs, s'ils y voyaient une sandale volante. »

Lorsque notre héros eut revêtu ces merveilleuses chaussures, il se crut un instant trop léger pour marcher sur la terre. Au premier pas qu'il essaya de faire, il s'élança malgré lui et s'éleva au-dessus de la tête de Vif-Argent et des Nymphes. Il eut beaucoup de peine à redescendre, car des ailes ne deviennent faciles à manœuvrer qu'après une certaine pratique. Vif-Argent se prit à rire de la vivacité involontaire de son compagnon, et lui dit de ne pas céder à tant d'emportement, qu'il avait encore à recevoir le casque d'invisibilité.

Les aimables Nymphes se disposaient à le coiffer de ce précieux casque, orné d'un panache de plumes noires ondoyantes, lorsque cet incident donna lieu à une scène plus extraordinaire que toutes celles que je vous ai déjà racontées. Notre héros était là, plein de fierté; c'était un beau jeune homme aux cheveux blonds, aux joues roses, ayant un glaive recourbé au côté, et portant un bouclier d'un poli éclatant. Mais, le casque une fois posé sur son front, tout avait disparu; l'air transparent et vide occupait seul la place où il était l'instant d'auparavant. Tout s'était évanoui, jusqu'à la coiffure qui le rendait invisible.

« Eh bien! Persée, où es-tu donc? lui demanda Vif-Argent.

— Mais ici, répondit tranquillement notre héros, dont la voix semblait s'échapper d'une atmosphère éthérée; je suis où j'étais tout à l'heure: est-ce que vous ne me voyez pas?

— Non, en vérité, repartit son ami. Le casque te dérobe à nos yeux, et, si je ne peux pas te voir, les Gorgones ne te verront pas davantage. A présent, suis-moi ; nous allons t'apprendre à te servir des sandales. »

A ces mots, le chapeau de Vif-Argent ouvrit ses ailes, et l'on aurait cru que sa tête allait se séparer de ses épaules ; mais toute sa personne s'enleva légèrement, et le jeune homme le suivit dans les airs. Parvenu à la hauteur d'une centaine de pieds, notre héros sentit combien il est délicieux de quitter la terre et de voler comme un oiseau.

Il faisait alors une nuit complète. Persée leva les yeux, et, voyant le disque argenté de la lune, il pensa que rien ne lui serait plus agréable que de prendre son essor, et d'aller finir ses jours dans l'astre qui brillait au-dessus de lui. Mais abaissant de nouveau ses regards, il contempla la terre avec ses mers, ses lacs, ses fleuves au cours sinueux, ses montagnes couronnées de neige, ses plaines immenses, ses forêts épaisses, ses villes de marbre blanc, et l'île de Sériphus où vivait Danaé. Une douce lumière répandait sa clarté sur tous ces objets, et la terre lui apparut aussi belle que pouvait l'être n'importe quelle étoile. Parfois il s'approchait avec son guide d'un nuage qui, à distance, produisait l'effet d'une toison d'argent ; et, quand ils plongeaient au travers, ils se sentaient tout transis et tout mouillés par la froide vapeur dont ils étaient enveloppés. Mais leur vol était si rapide, qu'en un moment ils avaient franchi ce nuage et se retrouvaient sous le ciel par un magnifique clair de lune. Toutefois, rien n'égalait en splendeur les météores qui éclataient tout à coup dans l'espace, semblables à un immense feu de joie dont la vive lumière faisait pâlir l'astre des nuits, dans un rayon de plus de cent lieues autour d'eux.

Tandis qu'ils poursuivaient leur course, Persée crut entendre quelqu'un voler auprès de lui, bien qu'il ne vît à ses côtés personne que Vif-Argent.

« Qui donc est près de moi ? dit-il ; le frôlement d'une étoffe légère, qui flotte dans la brise, a frappé mon oreille.

— C'est ma sœur, répondit Vif-Argent ; elle nous accompagne en ce moment, comme je t'en ai prévenu ; car il nous est impossible de rien accomplir sans elle. Tu ne peux te faire une idée de sa sagesse. Et quel coup d'œil ! Elle te distingue aussi nettement que si tu n'étais pas invisible, et je t'affirme qu'elle sera la première à découvrir les Gorgones. »

Ils planaient alors au-dessus du grand Océan, et voyaient au-dessous d'eux les flots s'agiter avec fureur et déferler sur la plage en y roulant une blanche écume, ou venir se briser, en bouillonnant, contre es rochers des falaises, avec un bruit qui, pour ceux qui se trouvaient sur le rivage, semblait le bruit du tonnerre; mais, pour Persée, ce n'était qu'un murmure doux comme le souffle d'un enfant à moitié endormi. Alors une voix se fit entendre auprès de lui dans les airs, voix mélodieuse qui semblait appartenir à une femme, bien qu'elle eût encore plus de gravité que de douceur.

« Voilà les Gorgones, Persée, dit cette voix.

— Où donc? s'écria-t-il; je ne les aperçois pas.

— Sur le rivage de l'île au-dessus de laquelle tu passes. Si un caillou s'échappait de ta main, il tomberait au milieu d'elles.

— Je te l'avais bien dit, qu'elle serait la première à nous avertir ! » s'écria Vif-Argent.

Au-dessous de lui, en effet, à une profondeur de deux ou trois mille pieds, Persée distingua une petite île que la mer entourait d'un cercle d'écume, excepté d'un côté, où la plage était couverte de sable d'une blancheur de neige. Il descendit, et, dirigeant ses regards vers une enceinte resplendissante de lumière, au fond d'un précipice, il aperçut enfin les terribles Gorgones ! Elles dormaient d'un profond sommeil, bercées par le grondement des flots ; car il fallait, pour endormir ces féroces créatures, des mugissements dont toute autre personne eût été assourdie. Les rayons de la lune frappaient leurs écailles métalliques, et faisaient briller leurs ailes d'or nonchalamment étalées sur la grève. Leurs griffes de bronze, horribles à contempler, se cramponnaient aux fragments de rochers battus par les vagues, tandis qu'en rêve elles déchiraient sans doute quelque pauvre mortel. Les serpents qui formaient leur chevelure paraissaient dormir comme les monstres dont ils couvraient la tête ; néanmoins, de temps à autre, l'un d'eux entr'ouvrait ses mâchoires, dardait sa langue fourchue en faisant entendre un sifflement à demi assoupi, et retombait dans sa torpeur, au milieu du groupe monstrueux.

Vues ainsi, les Gorgones ressemblaient à d'effroyables insectes, à des scarabées gigantesques aux élytres cuivrés, à des dragons dont la hideur se mêlait à une certaine beauté ; seulement, elles étaient un million de fois plus grosses qu'un insecte, et avaient dans leur ensemble quelque chose qui tenait de la forme humaine. Heureusement pour Persée, leurs traits étaient complétement cachés par la position qu'elles occupaient ; car, s'il avait seulement aperçu leur visage, il serait tombé du haut des cieux, et n'aurait plus été qu'un bloc de pierre insensible.

« Maintenant, lui dit tout bas Vif-Argent, voici l'heure de faire ce que tu dois accomplir ; dépêche-toi, car il serait trop tard si l'une d'elles s'éveillait.

— Laquelle faut-il frapper? demanda Persée en tirant son glaive. Toutes les trois ont la tête garnie de serpents ; mais laquelle est Méduse? »

Cette dernière était la seule dont notre héros dût

essayer de trancher la tête; car il eût vainement frappé les deux autres du tranchant le plus acéré : ses armes se seraient usées sans leur faire aucun mal.

« De la prudence, reprit la voix qui lui avait déjà parlé. L'une des Gorgones s'agite et va se retourner tout à l'heure. C'est Méduse. Ne la regarde pas ! tu serais pétrifié à l'instant même ! Fixe ton regard sur ton bouclier, où son corps et son visage se reflètent comme dans un miroir. »

Persée comprit alors pourquoi Vif-Argent lui avait si vivement recommandé de le polir : il pouvait y regarder en toute sécurité l'image de la Gorgone qu'il avait à combattre. Elle était là, cette terrible apparition, éclairée par la lune, et déployant sa monstrueuse horreur. Les serpents, que leur nature venimeuse empêchait de dormir tous ensemble, se dressaient entrelacés sur son front. C'était la face la plus repoussante et la plus hideuse qu'on eût jamais imaginée, et pourtant il y avait dans son aspect une sorte de beauté sauvage, effrayante à contempler. La Gorgone avait les yeux fermés; elle était toujours profondément endormie; mais une vive inquiétude se peignait sur ses traits, comme si un mauvais rêve eût troublé son sommeil. Ses dents formidables étaient serrées violemment, et ses griffes d'airain labouraient le sable d'un mouvement convulsif.

Les serpents, qui, de leur côté, semblaient éprouver l'influence de ce mauvais rêve, dressaient leurs têtes sifflantes et se débattaient les yeux fermés en se contournant en replis tortueux.

« Vite, vite ! murmura Vif-Argent de plus en plus impatient ; fonds à l'instant sur le monstre !

— Mais sois calme, dit la voix grave et mélodieuse à l'oreille du jeune homme. Regarde dans ton bouclier, en prenant ton élan, et songe à ne pas manquer ton premier coup ! »

Persée descendit avec précaution, sans quitter des yeux l'image que représentait son bouclier. Plus il approchait de sa victime, plus cette face hérissée de serpents lui paraissait horrible. Enfin, quand elle se trouva à la portée de son bras, Persée lève son arme ; au même instant chaque reptile se dresse sur le front de la Gorgone en se roidissant de colère. Celle-ci entr'ouvre les yeux..... il est trop tard. Le glaive retombe avec la rapidité de l'éclair.... et la tête de l'horrible Méduse est séparée de son corps.

« Bravo ! bravo ! cria Vif-Argent. Dépêche-toi de renfermer la tête dans ta besace magique. »

A la grande surprise du vainqueur, la petite poche brodée qu'il avait portée suspendue à son cou, et qui n'avait pas été jusque-là plus grande qu'une bourse, s'élargit au point de pouvoir contenir son trophée.

Les Gorgones aperçurent le cadavre décapité de leur sœur (*La tête de la Gorgone*).

Aussi prompt que la pensée, il saisit la tête et l'enlève, tandis que les serpents continuent à se tordre convulsivement, et tout disparaît dans le sac.

« Tu as accompli ta mission, dit la voix grave ; maintenant prends ton essor, et fuis ; car les autres Gorgones vont mettre en œuvre toute leur puissance pour venger la mort de leur sœur. »

Il était temps en effet : car, malgré le calme avec lequel Persée avait exécuté son action, le choc de son glaive, le sifflement des serpents, et le bruit qu'avait fait la tête de Méduse en tombant sur le sable, réveillèrent les deux autres Gorgones. Elles se mirent sur leur séant, et, tout engourdies encore, elles se frottèrent les yeux avec leurs doigts d'airain ; les serpents de leur chevelure se dressaient sur leurs têtes et entraient en fureur, avant même de savoir contre qui diriger leur colère venimeuse ; mais bientôt les Gorgones aperçurent le cadavre décapité de leur sœur, ses ailes d'or froissées et à demi étendues sur la plage ; et leurs cris épouvantables retentirent jusqu'aux nues. Cent sifflements affreux s'échappèrent à la fois comme d'un seul gosier ; et les serpents de Méduse y répondirent du fond de la besace où ils étaient enfermés.

Aussitôt qu'elles furent tout à fait éveillées, les Gorgones s'élancèrent dans l'espace, brandissant leurs serres de bronze, grinçant des dents et fouettant l'air de leurs ailes d'une façon si furieuse, que quelques-unes de leurs plumes d'or se détachèrent et vinrent s'éparpiller sur le rivage, où peut-être, en cherchant bien, on les retrouverait encore. Elles s'étaient donc élancées à la poursuite du meurtrier, tournant de tous côtés leurs yeux remplis d'éclairs, dans l'espérance de pétrifier leur ennemi ; et, si notre héros les eût regardées en face ou fût tombé sous leurs griffes acérées, sa pauvre mère n'aurait jamais pu revoir et embrasser son fils ! Mais il se garda bien de tourner la tête ; et, comme il portait le casque d'invisibilité, les monstres ne surent pas dans quelle direction le poursuivre. Il fit aussi le meilleur usage des sandales, en s'élevant perpendiculairement à peu près à un mille ; et parvenu à cette hauteur, où les cris de ces abominables créatures s'éteignaient au-dessous de lui, il se dirigea en droite ligne vers l'île de Sériphus.

Je n'ai pas le temps de vous raconter les aventures merveilleuses qui arrivèrent à notre héros pendant cette dernière partie de son voyage ; je vous dirai seulement qu'il tua un horrible monstre marin, au moment où celui-ci allait dévorer une belle jeune fille, et qu'il changea un énorme géant en une montagne de pierre, simplement en lui présentant la tête de la Gorgone. Si vous en doutez, vous n'avez un jour ou l'autre qu'à faire un voyage en Afrique ; vous y verrez la montagne dont je vous parle, et qui porte encore l'ancien nom du géant.

Il changea un énorme géant en une montagne (*La tête de la Gorgone*).

Persée arriva enfin à Sériphus, où il espérait trouver sa mère. Mais, pendant son absence, le roi avait traité si durement Danaé, qu'elle avait pris la fuite, et s'était réfugiée dans un temple où elle avait été recueillie par de vieux prêtres qui l'entouraient de soins affectueux. Ces dignes vieillards, et l'excellent pêcheur qui avait d'abord donné l'hospitalité à cette princesse et à son fils, paraissent avoir été les seules personnes de l'île qui songeassent à faire le bien. Les autres habitants, à l'exemple du roi Polydecte, menaient la vie la plus déréglée, et ne méritaient pas d'autre destinée que celle qui les attendait.

Ne trouvant pas sa mère chez elle, Persée courut au palais, et fut introduit immédiatement en présence de Polydecte, qui le reçut avec froideur : car il avait bien compté, dans son âme perverse, que les Gorgones le débarrasseraient de notre héros. Cependant, à la vue de Persée revenu sain et sauf, il dissimula son désappointement et lui demanda comment il avait rempli sa mission.

« As-tu fidèlement tenu ta promesse ? lui dit-il. M'as-tu rapporté la tête de Méduse aux cheveux de serpents ? Sinon, mon ami, tu pourras t'en repentir ; car il me faut un présent de noces pour la belle Hippodamie, et c'est la seule chose qui puisse flatter cette princesse.

— Oui, Majesté, répondit Persée d'un ton calme et modeste, comme si l'action qu'il venait d'accomplir avait été la plus simple du monde ; je vous ai rapporté la tête de la Gorgone, avec sa chevelure de serpents.

— Vraiment, Persée ! montre-la-moi, je t'en prie, dit le roi Polydecte. Ce doit être un spectacle excessivement curieux, si tout ce que les voyageurs ont dit est réel !

— Votre Majesté a raison, reprit le héros. C'est en effet un objet qui devra fixer les regards de tous ceux qui le verront ; et, si Votre Majesté veut bien le permettre, je lui proposerai d'ordonner un jour de fête publique, et d'appeler tous ses sujets à venir contempler cette merveille. Un petit nombre d'entre eux, j'imagine, ont vu dans leur vie une tête de Gorgone, et peut-être, après cela, ne pourront-ils plus en voir d'autre. »

Le roi savait bien que son peuple se composait de misérables fainéants, très-amateurs de spectacles, comme le sont ordinairement les paresseux. Il suivit donc les conseils du jeune homme et envoya de tous côtés des hérauts d'armes et des messagers, pour publier sa proclamation à son de trompe, aux coins des rues, sur les places, et aux jonctions des routes, invitant la population tout entière à se rendre à la cour. En conséquence, une multitude de vagabonds et de vauriens s'empressèrent d'accourir, espérant bien apprendre que Persée avait éprouvé quelque fâcheux accident. Tous y vinrent. S'il y avait dans l'île quelques braves gens, laborieux et sensibles, ainsi que je veux le croire malgré le silence de l'histoire à cet égard, ils restèrent paisiblement au logis, vaquant à leurs propres affaires et prenant soin de leurs petits enfants. Mais la plupart des habitants se hâtèrent d'accourir au palais, se heurtant et se poussant du coude pour approcher du balcon où se tenait Persée, un sac à la main.

Le monarque, entouré de ses méchants conseillers, de ses flatteurs et de ses courtisans, était sur une plate-forme vis-à-vis de notre héros; et tous avaient les yeux tournés avec avidité vers l'endroit où se montrait le vainqueur de la Gorgone.

« La tête! La tête! criait le peuple avec violence. La tête de Méduse, la tête aux cheveux de serpents! » Et il semblait disposé à mettre en pièces le jeune héros, s'il tardait plus longtemps à obéir.

Persée se sentit pénétré de douleur et de pitié.

« Sire! dit-il, et vous, nombreux habitants de Sériphus, dispensez-moi de vous présenter la tête de la Gorgone!

— Le scélérat! le lâche! vociféra la populace devenue féroce. Il s'est moqué de nous! Il n'a pas la tête de la Gorgone! Qu'il nous la montre, ou nous prendrons la sienne pour en faire un ballon. »

Les conseillers murmuraient à l'oreille du roi ce que leur malice leur inspirait; les courtisans répétaient d'une voix unanime que le traître s'était rendu coupable d'offense envers la personne du souverain, et Polydecte, qui triomphait en lui-même, ordonna à Persée de satisfaire immédiatement les désirs populaires.

« Montre-moi la tête de la Gorgone, ou je te fais décapiter sur l'heure ! » dit l'impérieux monarque.

Persée poussa un profond soupir.

« Obéis ou tu es mort, répéta Polydecte.

— Regarde-la donc ! » s'écria Persée d'une voix tonnante ; et, levant la terrible tête, il la présenta à la multitude.

Le méchant roi, ses cruels conseillers, ses farouches sujets, n'eurent pas même le temps de fermer leurs paupières, et n'offrirent plus qu'une image pétrifiée de ce qu'ils étaient jadis, conservant à jamais l'expression de leur méchanceté sur leur figure inerte. Au premier regard qu'ils avaient jeté sur la tête de Méduse, ils avaient été changés en statues de marbre.

Persée, ayant remis dans la besace magique l'instrument horrible de sa vengeance, s'empressa d'aller dire à sa mère qu'elle n'avait plus rien à redouter du méchant roi Polydecte.

« N'est-ce pas là une belle histoire ? demanda Eustache.

— Oh! oui, s'écria Primevère en frappant dans ses mains; et ces drôles de vieilles bonnes femmes, avec leur seul œil pour elles trois! Je n'ai jamais rien entendu d'aussi extraordinaire.

— Quant à la seule dent dont elles se servaient alternativement, ajouta Primerose, je n'y vois rien d'étonnant. Je suppose que c'était une fausse dent. Mais quelle idée de changer le nom de Mercure en celui de Vif-Argent, et de parler de sa sœur! Vous êtes trop ridicule!

— Eh! n'était-ce pas sa sœur? demanda Eustache Bright. Si j'y avais pensé plus tôt, je vous aurais tracé le portrait de cette belle jeune fille à l'aspect virginal, avec son hibou favori!

— En tout cas, dit Primerose, votre histoire a fait passer le brouillard. »

En effet, pendant ce récit, les vapeurs qui voilaient le paysage s'étaient complétement dissipées, et le tableau qui se déroulait aux yeux de nos petits camarades leur parut avoir été créé depuis que leurs regards s'étaient tournés de ce côté-là.

Au sein de la vallée, à peu près à un mille de distance, apparaissait maintenant un beau lac, réfléchissant comme un miroir ses bords ombragés d'arbres et les sommets des collines éloignées.

Monument-Mountain s'élevait à l'horizon, et,

regagnant la vallée par une pente insensible, semblait venir rejoindre les bords du lac pour s'y coucher mollement. Eustache Bright comparait cette montagne à un sphinx gigantesque enveloppé dans un cachemire des Indes; comparaison qui restait bien au-dessous de la vérité, grâce à la richesse et à la variété de couleurs dont l'automne avait paré la forêt qui couvrait la montagne. Entre le lac et Tanglewood, la lisière des bois et les vieux arbres épars dans la vallée paraissaient, à leur manteau bruni, çà et là nuancé d'or, avoir plus souffert de la gelée que l'épais feuillage qui garnissait les collines.

Une vive lumière éclairait le paysage, et les rayons du soleil, adoucis par une brume transparente, répandaient sur toute la vallée un charme inexprimable. Quelle journée délicieuse on aurait jusqu'au soir! Les enfants saisirent leurs paniers et se mirent en marche, sautant et bondissant au milieu des rires et des cris de joie de toute la bande.

Eustache excellait à présider ce groupe folâtre; non-seulement il surpassait tous ses petits camarades dans les jeux d'adresse, mais encore il improvisait mille bouffonneries que les enfants s'efforçaient d'imiter, tout en désespérant d'y arriver. Un bon vieux chien, nommé Ben, suivait la troupe joyeuse; ce quadrupède, l'un des plus respectables et des plus généreux de la création, trouvait probablement qu'il était de son devoir de ne pas laisser les enfants s'éloigner ainsi à l'aventure sans un gardien plus sérieux et plus grave que cet écervelé d'Eustache Bright.

LE TOUCHER D'OR

LE RUISSEAU OMBRAGÉ.

Au milieu du jour, notre jeune et joyeuse bande fit halte dans le creux d'un vallon, au fond duquel coulait un petit ruisseau. Le vallon était resserré, et ses flancs escarpés, à partir des bords du ruisseau jusqu'au sommet de la colline, se cachaient sous des touffes épaisses de verdure, dominées par des massifs de noyers et de marronniers auxquels se mêlaient quelques chênes et quelques érables. Le feuillage de toutes ces branches entre-croisées, se mariant et se confondant au-dessus de l'eau, donnait assez d'ombre pour produire au cœur de l'été une sorte de crépuscule en plein midi. Mais, depuis que l'automne avait pénétré dans cette retraite mystérieuse, la sombre verdure que nous venons de décrire avait pris un aspect doré, et, loin d'obscurcir le vallon, semblait réellement l'éclairer de ses brillantes nuances. On eût dit que ces feuilles, d'un jaune éclatant, avaient retenu au milieu d'elles les rayons du soleil, et qu'elles répandaient une teinte lumineuse sur ce ruisseau dont elles jonchaient les bords. Ainsi, bien que l'été eût fait place à l'air froid et aux journées brumeuses, ce petit asile, ordinairement si ombreux, paraissait tout inondé de lumière.

Le ruisseau serpentait dans son lit d'or, ici se reposant pour former une petite mare où les ablettes s'ébattaient joyeusement, là-bas poursuivant sa course, comme pressé d'arriver au lac; puis, se ralentissant tout à coup, il se heurtait contre la racine d'un arbre avec un fracas et des bouillonnements qui vous auraient fait rire, tant il semblait se révolter contre cette digue inattendue; cet obstacle franchi, notre paisible ruisseau affectait des airs de torrent, et se parlait à lui-même, comme émerveillé de sa victoire. Mais bientôt, frappé de surprise en revoyant sa sombre vallée maintenant si pleine de lumière, et en entendant le babil d'un groupe si nombreux d'enfants, il se hâtait de fuir pour aller se cacher au fond du lac.

Eustache Bright et ses amis avaient choisi le vallon de Shadow-Brook pour faire leur dîner. Ils avaient apporté de Tanglewood plein leurs paniers de friandises, les avaient arrangées sur des troncs d'arbres ou des branchages couverts de mousse, puis s'étaient livrés à leur régal avec une joie bruyante. C'était vraiment une délicieuse petite collation. La fête une fois terminée, aucun d'eux ne se sentit disposé à s'éloigner.

« Nous allons nous reposer ici, dirent plusieurs enfants, et, pendant ce temps-là, notre cousin Eustache nous racontera quelqu'une de ses jolies histoires. »

Le cousin Eustache avait le droit d'être aussi fatigué que ses jeunes camarades, car il avait exécuté nombre de tours de force dans cette matinée mémorable. Dent-de-Lion, Pâquerette, Primevère et Bouton-d'Or étaient presque convaincus qu'il avait des sandales ailées semblables à celles que les Nymphes donnèrent à Persée : car l'écolier s'était bien souvent trouvé au faîte d'un noyer, au moment où chacun le croyait encore à la place qu'il venait d'occuper. Et quelle averse de noix il avait fait pleuvoir sur leurs têtes ! si bien que leurs mains et leurs paniers suffisaient à peine à la récolte. En un mot, il avait déployé la vivacité d'un écureuil ou d'un vrai singe ; et, s'étendant à présent sur les feuilles jaunes, il semblait préparé à prendre un peu de repos.

Mais les enfants n'ont ni pitié ni merci pour la fatigue des autres. Il ne vous resterait plus que le dernier souffle, qu'ils vous demanderaient encore de le leur sacrifier en leur contant une histoire.

« Cousin Eustache, s'écria Primevère, quel joli conte que celui de la *Tête de la Gorgone!* Croyez-vous que vous pourriez nous en dire un autre qui fût aussi amusant?

— Oui, mon enfant, répondit Eustache en rabattant le bord de sa casquette sur ses yeux, comme s'il se disposait à dormir; je puis, si bon me semble, vous en conter une douzaine de plus jolis encore.

— Oh! Primerose, Pervenche, l'entendez-vous? repartit Primevère en sautant de plaisir. Cousin Eustache va nous raconter une douzaine d'histoires plus amusantes que celle de la Tête de la Gorgone!

— D'abord, je ne t'en ai même pas promis une seule, petite follette! dit-il d'un air à demi boudeur. Pourtant je crois que je vais vous en chercher une. Voilà l'inconvénient de s'être acquis une certaine réputation! J'aimerais mieux être moins spirituel, ne pas avoir mis au grand jour la moitié des brillantes qualités dont la nature m'a doué; je pourrais au moins me reposer tranquillement et faire mon petit somme à mon aise. »

Mais le cousin Eustache, je crois vous l'avoir dit, prenait grand plaisir à débiter ses histoires; son esprit, libre et heureux, se complaisait dans sa fécondité, et n'avait besoin, pour se mettre à l'œuvre, d'aucune impulsion étrangère.

Quelle différence entre cet entrain spontané de l'intelligence et l'activité forcée de l'âge mûr, alors que le travail, peut-être rendu plus facile par l'habitude, devient un soulagement nécessaire aux douleurs de la vie! Mais ce n'est pas pour les enfants que nous faisons cette remarque.

Sans se faire prier davantage, Eustache Bright se mit à raconter la magnifique histoire que nous allons dire. Le sujet lui en était venu à l'esprit en plongeant ses regards à travers le feuillage, et en observant comme l'automne, ce grand peintre, avait promené son pinceau sur toutes les feuilles vertes et les avait revêtues d'une teinte dorée. Cette métamorphose, dont chacun de nous a été témoin, est bien aussi merveilleuse que les aventures racontées par Eustache à propos du roi Midas.

LE TOUCHER D'OR.

Il y avait une fois un homme très-riche, qui en même temps était roi, et qu'on appelait Midas. Il avait une petite fille dont personne que moi n'a jamais entendu parler, et, si autrefois j'ai su comment on la nommait, je l'ai complétement oublié. Mais, comme j'aime les noms de fantaisie pour les petites filles, je l'appellerai *Marie-d'Or*.

Le roi Midas aimait l'or par-dessus tout. Il tenait à sa couronne royale, principalement parce qu'elle était composée de ce métal précieux. S'il y avait quelque chose qu'il aimât à peu près au même degré, c'était la petite fille qui folâtrait si gentiment sur les marches de son trône. Plus Midas avait d'amour pour cette enfant, plus il désirait et recherchait les richesses. Il s'imaginait, l'insensé ! que ce qu'il pouvait faire de mieux pour le tendre objet de son affection, serait de lui léguer le plus possible de cette monnaie jaune et brillante, qu'on a toujours entassée depuis le commencement du monde.

Toutes ses pensées, tout son temps, étaient consacrés à ce projet. S'il lui arrivait d'arrêter son regard sur les nuages dorés d'un coucher de soleil, il aurait voulu pouvoir les saisir, les changer en or pur et les enfermer dans ses coffres. Quand la petite Marie-d'Or courait à sa rencontre avec une touffe de genêts ou des boutons-d'or, il disait aussitôt : « Bah ! bah mon enfant, si ces fleurs étaient du métal dont elles ont la couleur, elles vaudraient la peine de les cueillir ! »

Pourtant, dans sa première jeunesse, avant d'être possédé d'une passion aussi extravagante, le roi Midas avait montré un goût décidé pour les fleurs. Il avait planté un jardin où poussaient les roses les plus belles et les plus suaves qui eussent jamais réjoui l'odorat ou les yeux d'aucun mortel. Ces roses étalaient bien encore des corolles aussi fraîches et aussi embaumées qu'à l'époque où Midas passait des heures entières à en aspirer le parfum ; mais aujourd'hui, s'il les regardait, c'était seulement pour calculer quelle en serait la valeur, dans le cas où ces innombrables pétales seraient autant de petites plaques d'or ; et, malgré sa passion d'autrefois pour la musique (en dépit d'une vieille histoire sur ses oreilles, taillées, disait-on, sur le modèle de celles d'un âne), le pauvre Midas n'aimait plus désormais que le son des piles d'écus.

Enfin (en vieillissant bien des gens deviennent plus fous, au lieu de se montrer plus sages), Midas avait perdu le sens commun, au point de ne vouloir supporter la vue ou le contact d'aucun objet, s'il n'était d'or. C'est pourquoi il avait pris l'habitude de passer la plus grande partie de ses journées dans un lugubre appartement situé sous les voûtes de son palais. C'était là qu'il gardait son trésor, et, toutes les fois qu'il sentait le désir de goûter un peu de bonheur, Midas se rendait dans ce sombre caveau, dont l'aspect ne valait guère mieux que celui d'une prison. Après en avoir soigneusement fermé la porte à clef, il prenait un sac rempli d'or, une coupe du même métal, un énorme lingot, ou un boisseau de poudre d'or, et l'apportait des coins obscurs de la chambre à l'unique rayon de soleil qui s'y glissait par une étroite meurtrière. Ce rayon lui était cher, mais simplement parce qu'il donnait à son trésor des reflets plus brillants et plus purs. Puis de vider son sac, d'en compter les écus, de jeter en l'air le lingot, et de le rattraper dans ses mains; de tamiser la brillante poussière entre ses doigts; de regarder sa fantastique image réfléchie dans le fond de la coupe, et de se dire tout bas : « O Midas, fortuné roi Midas, l'heureux mortel que tu fais! »

Et rien n'eût été plus drôle que de voir le sourire grimaçant que lui présentait sa propre figure réfléchie par le vase; on eût dit que cette image, comprenant la sottise de son original, le tournait en ridicule et lui riait au nez sans plus de cérémonie.

Bien qu'il se dît heureux, Midas éprouvait encore un certain vide au milieu de son bonheur. Il n'aurait jamais, pensait-il, une satisfaction complète, si le monde entier ne devenait l'entrepôt de ses richesses et n'était rempli de cette matière resplendissante dont il aurait l'entière propriété.

Je n'ai pas besoin de rappeler à de petits enfants savants comme vous qu'à l'époque reculée où vivait le roi Midas, il se passait bien des événements qui nous paraîtraient incroyables, s'ils arrivaient de nos jours et dans notre pays; il est vrai qu'un grand nombre de choses dont nous sommes témoins aujourd'hui n'auraient jamais été crues par les gens d'autrefois. A tout prendre, notre époque est encore plus extraordinaire. Mais je continue mon histoire.

Un jour Midas se livrait à ses jouissances contemplatives, quand il vit apparaître une ombre sur ses monceaux d'or; tout à coup il put distinguer, à la clarté d'un filet de lumière qui plongeait dans le caveau, la figure d'un étranger ! C'était un jeune homme au visage épanoui et vermeil. Était-ce ur

C'était un jeune homme au visage vermeil. (*Marie d'or.*)

effet de l'imagination du roi Midas, à travers laquelle tous les objets se teignaient de sa couleur favorite? était-ce une autre cause? toujours est-il qu'il ne put s'empêcher de croire que le sourire de l'étranger rayonnait d'un éclat métallique. Ce qu'il y avait de certain, c'est que, malgré l'interception de la lumière extérieure par la présence de l'inconnu, les trésors amoncelés devant lui resplendissaient d'un éclat tout nouveau, dont les angles les plus obscurs de la pièce se trouvèrent éclairés, et qui provenait du sourire et du regard de l'étranger, d'où s'échappaient des étincelles et des flammes.

Midas, certain d'avoir tourné la clef dans la serrure, et convaincu de l'impossibilité d'entrer dans sa retraite par la violence, en conclut nécessairement que son visiteur était plus qu'un mortel. Il importe peu de vous dire quel était ce personnage mystérieux. Dans ce temps où la terre était encore voisine de son enfance, on pensait que des êtres doués d'un pouvoir surnaturel venaient souvent y séjourner pour prendre part aux joies et aux chagrins des hommes, dans un but moitié folâtre, moitié sérieux. Une rencontre de cette nature n'était pas nouvelle pour le roi Midas, et il n'était pas fâché de se retrouver en face de l'un de ces êtres supérieurs qu'il avait déjà vus. L'inconnu, à vrai dire, avait un air si bienveillant, qui plus est, si généreux, qu'il eût été déraisonnable de le soupçonner d'aucune mauvaise intention. A coup sûr cet hôte surhumain venait combler Midas de nouvelles faveurs; et quelle autre faveur pouvait-il lui apporter, si ce n'était le don de multiplier ses richesses?

L'étranger jeta les yeux autour de la chambre, et, après avoir éclairé de son sourire tous les objets qui s'y trouvaient rassemblés, il se tourna vers Midas :

« Tu es puissamment riche, lui dit-il. Je doute qu'il y ait sur la terre, entre quatre murs comme ceux-ci, autant d'or que tu en as amoncelé.

— J'ai assez bien réussi, répondit Midas d'un air à moitié content. Mais, après tout, cela n'a rien d'étonnant, si vous considérez qu'il a fallu travailler toute ma vie pour arriver là. Si l'on pouvait vivre un millier d'années, à la bonne heure, on pourrait peut-être devenir riche!

— Comment! s'écria l'étranger. Tu n'es pas content? »

Midas secoua la tête.

« Qu'est-ce qui pourrait donc te satisfaire? demanda l'inconnu. Simplement pour la curiosité du fait, je serais bien aise de le savoir. »

Midas se tut et devint rêveur. Un pressentiment lui disait que cet étranger, à l'aspect si noble et au sourire d'une expression si bienveillante, devait être venu le trouver dans le but et avec la puissance d'exaucer tous ses vœux. Le moment propice était donc arrivé. Il n'avait qu'à parler pour obtenir tout ce qu'il pouvait désirer, que ce fût possible ou non.

Il restait absorbé dans sa méditation, entassant des montagnes d'or les unes sur les autres, sans jamais parvenir à les rêver d'une hauteur suffisante. A la fin, une idée lumineuse surgit au roi Midas, et lui apparut aussi brillante que le métal dont il avait fait son idole.

Relevant soudain la tête, il regarda en face l'éblouissant étranger.

« Eh bien ! Midas, lui dit l'inconnu, je vois que tu as enfin trouvé ce qui devra te satisfaire. Dis-moi quel est ton souhait.

— Voilà tout simplement ce que c'est, répliqua l'avare. Je suis fatigué d'avoir tant de peine à recueillir des richesses qui, malgré tant d'efforts, ne sont, après tout, que bien insuffisantes, et je voudrais pouvoir changer en or tout ce que je viendrais à toucher. »

Le sourire de l'étranger s'épanouit à un tel point qu'il sembla remplir la chambre; comme l'aurait fait l'astre du jour à travers une vallée ténébreuse où les feuilles d'automne réfléchissent la lumière.

« Le toucher d'or, n'est-ce pas ? s'écria-t-il. Honneur à toi, Midas, pour avoir conçu une idée aussi admirable! Mais es-tu bien sûr que l'accomplissement de ce désir fasse ton bonheur?

— En peut-il être autrement?

— Ne regretteras-tu jamais d'avoir ce don merveilleux?

— Quel motif aurais-je de m'en repentir? Je ne demande rien de plus pour mettre le comble à ma félicité.

— Eh bien! que ton vœu soit exaucé! répondit l'inconnu en lui adressant un geste d'adieu. Demain, au lever du soleil, tu auras le toucher d'or. »

La figure du visiteur devint tellement resplendissante, que Midas en ferma involontairement les yeux. En les rouvrant, il ne distingua plus que le rayon du soleil, qui glissait auparavant sur les trésors entassés avec tant de peine pendant tout le cours de son existence.

Midas dormit-il aussi tranquillement que d'habitude? L'histoire ne le mentionne point. Endormi ou éveillé, son esprit était probablement ému comme celui d'un enfant à qui l'on a promis pour le lendemain un magnifique joujou. Quoi qu'il en fût, le jour avait à peine frappé le sommet des collines, qu'aussitôt le roi Midas s'éveilla complétement, et, allongeant les bras hors du lit, commença à porter les mains sur tout ce qui se trouvait à sa portée. Il était impatient de vérifier s'il était vraiment doué du toucher d'or, selon la promesse de l'étranger. Il mit le doigt sur une chaise qui était à côté de lui, et sur différents meubles; mais quel ne fut pas son désappointement en voyant les objets conserver leur ancienne substance! Une crainte vint s'emparer de son esprit : ce radieux personnage était-il un vain songe, ou bien s'était-il moqué de lui? Et quelle désillusion si, après tant d'espérance, il devait se contenter d'un peu d'or laborieusement amassé par des moyens ordinaires, au lieu d'en créer par le simple toucher!

Dans son impatience, Midas n'avait pas vu que la lueur douteuse qui éclairait sa chambre était due seulement à l'aurore, qui commençait à ouvrir les portes du ciel. Il était retombé sur sa couche, désespéré d'avoir vu s'évanouir ses illusions, et s'attristait de plus en plus, quand tout à coup un trait lumineux pénétra par la croisée et dora le plafond au-dessus de sa tête. Il sembla à Midas que ce rayonnement produisait sur les blanches couvertures de son lit une réflexion d'un aspect singulier. En regardant de plus près, quels furent son étonnement et son bonheur à la vue de ses draps de toile transformés en tissus de l'or le plus pur! Il avait eu le toucher d'or à l'heure précise annoncée par son hôte mystérieux.

Midas, transporté de joie, s'élança dans la chambre en touchant tout ce qui lui tombait sous la main. Il saisit une des quenouilles de son lit, et elle se transforma immédiatement en une magnifique colonne d'or cannelée. Il écarta le rideau de la fenêtre afin de contempler plus clairement les merveilles qu'il accomplissait, et le gland s'appesantit, à son contact, en un poids d'or massif. Il toucha un livre posé sur la table : ce livre prit l'apparence d'un volume splendidement relié et doré sur tranche, comme on en voit souvent aujourd'hui ; mais il en tourna les pages du bout du doigt, et ce ne fut plus tard qu'une réunion de minces feuillets d'or sur lesquels ce qu'on avait écrit était devenu complétement illisible. Il se hâta de s'habiller, et fut dans le ravissement en se voyant revêtu de magnifiques habits de drap d'or, conservant toute leur souplesse et tout leur moelleux, malgré la pesanteur de l'étoffe, passablement accrue. Il tira son mouchoir de poche ourlé pour lui par la petite Marie-d'Or : aussitôt ce mouchoir prit un éclat nouveau ; tout, jusqu'à la trame du tissu et aux jolis petits points bien nettement piqués par la charmante enfant, tout fut changé en or !

Cette dernière transformation parut ne pas plaire entièrement au roi Midas : il aurait voulu conserver intact ce mouchoir que sa petite fille lui avait mis dans la main en grimpant sur ses genoux.

Mais, au bout du compte, c'était une bagatelle qui ne méritait pas qu'on s'en affectât. Midas prit alors ses lunettes et les mit sur son nez pour voir plus distinctement où il en était de sa lecture. A cette époque, les lunettes n'avaient pas encore été inventées pour le commun des mortels, mais existaient seulement à l'usage des souverains ; sans cela, comment Midas en aurait-il possédé une paire ? Cependant, à sa grande confusion, tout excellents que fussent les verres, il découvrit qu'il lui était impossible de rien distinguer. Mais c'était la chose du monde la plus naturelle : car, en les ôtant de sa poche, les deux parties transparentes s'étaient subitement changées en petites plaques de métal jaune. Les lunettes, tout en augmentant de valeur, avaient perdu leur utilité. Cette circonstance frappa Midas assez désagréablement ; car, avec toute son opulence, il ne pourrait plus jamais posséder une paire de lunettes capables de lui servir.

« Ce n'est pas une grande affaire, après tout, se dit-il en lui-même avec une résignation stoïque ; de grands avantages ont toujours quelques inconvénients. Le don du toucher d'or vaut bien le sacrifice d'une paire de lunettes, à condition du moins qu'on ne perde pas la vue. Mes yeux me serviront pour tous les besoins ordinaires de la vie, et ma petite fille sera bientôt assez grande pour me faire la lecture. »

Le sage roi Midas était si exalté par sa bonne fortune, que son palais n'était plus assez grand pour le contenir. Plein d'enthousiasme, il descendit de son appartement, et sourit de satisfaction en observant que la balustrade de l'escalier s'était métamorphosée en or bruni, à mesure que sa main glissait sur la rampe. Il leva le loquet de la porte (naguère de simple cuivre, mais transformé comme le reste au premier contact de ses doigts), et courut à son jardin. Il y trouva une grande quantité de roses en pleine fleur, et d'autres à moitié épanouies ou en boutons naissants. Leur parfum embaumait la brise du matin. Il n'y avait pas au monde de nuances plus délicieuses et plus agréables : tant de grâce, de modestie, de tranquillité et de charme, paraissait à la fois s'exhaler de ces roses !

Mais Midas savait un moyen de les rendre beaucoup plus précieuses à ses yeux, et il s'empressa de courir de rosier en rosier, exerçant son don magique avec une activité infatigable, jusqu'à ce que chaque fleur, chaque bouton, les vers même cachés au sein des corolles, fussent changés en or. Pendant qu'il se livrait à cette occupation, le roi Midas fut appelé pour déjeuner, et, comme l'air vif du matin lui avait ouvert l'appétit, il se hâta de rentrer au palais.

Je ne sais pas positivement en quoi consistait, à cette époque, le déjeuner d'un roi, et n'ai pas le temps de faire à ce sujet de profondes recherches ;

néanmoins, tout me porte à croire que, ce jour-là, le déjeuner se composait de gâteaux sortant du four, de petites truites d'eau vive, de pommes de terre grillées, d'œufs frais et de café pour le roi Midas, et d'une tasse de lait avec des tartines pour la petite princesse. En tout cas, c'est un déjeuner présentable pour un roi, et, si le menu n'est pas exact, Midas ne pouvait en avoir un meilleur.

La petite Marie-d'Or n'avait pas encore paru. Son père la fit appeler, et, se mettant à table, attendit l'arrivée de l'enfant pour commencer à manger. Midas aimait réellement sa fille, et son affection était encore plus vive ce matin-là, en raison de la bonne fortune qui lui était échue. Tout à coup il l'entendit venir par les corridors, pleurant à chaudes larmes. Cette circonstance l'étonna vivement, car la petite Marie était l'un des enfants les plus joyeux qu'on pût voir, et, dans toute son année, elle ne versait pas de larmes de quoi remplir un dé. En entendant ses cris, Midas eut l'idée de la consoler par une agréable surprise : il se pencha sur la table, toucha le bol de sa fille (belle porcelaine ornée de peintures délicates) et le transforma en or.

Cependant Marie poussa doucement la porte; elle entra en sanglotant, et son tablier sur les yeux.

« Eh bien ! ma pauvre petite ! s'écria son père,

qu'as-tu donc aujourd'hui, par une si belle matinée? »

Marie-d'Or, sans ôter son tablier de ses yeux, étendit la main pour montrer une des roses transformées par Midas.

« N'est-ce pas que c'est magnifique? dit-il; et qu'a donc cette belle rose pour te causer tant de chagrin?

— Ah! mon cher père! répondit l'enfant, elle n'est plus belle, cette rose; c'est la plus laide qu'on puisse voir! Aussitôt habillée, j'ai couru dans le jardin pour vous faire un joli bouquet, parce que je sais que vous aimez les fleurs, et qu'elles vous plaisent davantage quand c'est votre petite fille qui vous les a cueillies. Mais, ô mon Dieu! vous ne savez pas ce qui est arrivé? Quel malheur! ces roses qui sentaient si bon et avaient de si belles couleurs, elles sont toutes flétries, toutes gâtées; elles sont devenues toutes jaunes et ne sentent plus rien du tout! Qu'est-ce qui a donc pu causer cela?

— Bah! bah! chère petite, ne pleure pas pour si peu de chose, dit Midas, tout honteux de s'avouer coupable d'un changement qui la rendait si malheureuse; assieds-toi, mange ton pain, mon enfant, et bois ton lait. Il te sera bien facile, va, d'échanger une belle rose d'or comme celle-ci, qui durera plus de cent ans, contre une rose ordinaire, qui se flétrit en un seul jour.

— Je me soucie bien de pareilles roses! cria Marie-d'Or en jetant la sienne avec dédain; celle-ci n'a pas le moindre parfum, et ses feuilles coupantes me piquent le nez! »

L'enfant se mit à table; mais elle était si préoccupée, qu'elle ne fit pas même attention à la merveilleuse transformation de sa tasse de porcelaine; et c'était pour le mieux, car Marie se divertissait d'ordinaire à regarder les figures bizarres, les maisons et les arbres de forme étrange qui étaient peints sur le bol, et qui avaient complétement disparu sous la teinte uniforme du métal.

Cependant le roi s'était versé une tasse de café, et, cela va sans dire, la cafetière avait subi une transmutation immédiate au moment où il l'avait touchée. Midas pensa en lui-même que déjeuner avec un service en or, pour un homme dont les habitudes étaient simples, cela devenait d'une splendeur passablement extravagante, et il commença à se préoccuper du moyen de garder tous ses trésors. Le buffet et la cuisine ne lui paraissaient pas assez sûrs pour contenir des cafetières et des tasses d'une valeur aussi considérable.

Plongé dans ces réflexions, il porta à sa bouche une cuillerée de café, et, en aspirant le contenu, il fut saisi de surprise, au moment où le liquide toucha ses lèvres, de le sentir se transformer en substance métallique et se durcir en petit lingot.

« Ah ! s'écria Midas avec effroi.

— Qu'avez-vous donc, mon père ? demanda Marie en le regardant avec étonnement et les yeux toujours baignés de larmes.

— Rien, mon enfant, rien ! fit Midas. Ne laissez pas refroidir votre lait. »

Il prit dans le plat une des petites truites si appétissantes, et, comme pour en faire l'expérience, en toucha la queue du bout du doigt. Il frémit quand, au lieu d'une truite admirablement préparée, il ne vit plus qu'un poisson d'or. Si au moins c'eût été un de ces poissons rouges conservés dans des globes de verre comme une curiosité de salon ! Mais non pas ; c'était bien du métal qu'on eût dit artistement ciselé par le plus habile orfévre du monde. Les arêtes s'étaient changées en filigrane d'or, les nageoires et la queue en plaques du même métal ; on y voyait jusqu'à l'empreinte de la fourchette, jusqu'à cette apparence de délicatesse et de légèreté d'une friture exécutée de main de maître. Un vrai chef-d'œuvre ! Mais, en ce moment, le roi Midas aurait mieux aimé une truite réelle dans son assiette que cette imitation d'un si grand prix.

« Je ne sais vraiment, pensa-t-il, comment je vais faire pour déjeuner ! »

Il prit un des petits gâteaux encore tout fumant, et, l'ayant à peine rompu, il le vit, à sa grande mortification, se colorer de la teinte jaunâtre de la pâte de maïs. A vrai dire, si ç'avait été un gâteau de maïs, Midas l'eût bien autrement estimé qu'il ne le fit après s'être convaincu, par le poids et la solidité de l'objet qu'il tenait dans sa main, que ce n'était plus qu'un gâteau d'or. Désespéré, il se servit un œuf qui subit immédiatement une transmutation semblable à celle de la truite et du gâteau.

« Me voilà dans un bel embarras! pensa-t-il en se renversant sur sa chaise et en regardant, avec des yeux d'envie, la petite Marie-d'Or qui trempait bravement son pain dans son lait. Avoir devant moi un déjeuner d'une si grande valeur, et ne pouvoir rien manger! ».

Espérant, à force d'adresse et de promptitude, réussir à éviter le grave inconvénient qui l'inquiétait si fort, le roi Midas saisit une pomme de terre toute fumante, et tenta de l'introduire subtilement dans sa bouche et de l'avaler tout d'un trait; mais le don du toucher d'or avait une puissance d'action instantanée supérieure à sa volonté. Il se sentit étouffer non par une pomme de terre succulente, mais par un lingot qui lui brûla tellement la langue qu'il en jeta un cri de douleur, et, s'élançant hors de table, il se mit à sauter et à frapper du pied dans la chambre, de souffrance et de frayeur.

« Mon père, mon cher père! s'écria Marie-d'Or, qui était aussi affectueuse que charmante, qu'avez-vous, je vous en supplie? Est-ce que vous vous êtes brûlé?

— Ah! ma chère enfant, répondit Midas en gémissant, je ne sais ce que ton pauvre père va devenir! »

Et, en vérité, mes chers petits amis, avez-vous jamais entendu parler d'une position aussi lamentable que celle du roi Midas? Il y avait là littéralement le déjeuner le plus magnifique qu'on pût servir à un roi, et c'était cette magnificence même qui le rendait complétement inutile. Le travailleur le plus pauvre, assis à table devant une croûte de pain et un verre d'eau, était, à coup sûr, mieux partagé que Midas, dont les mets délicats valaient en réalité leur pesant d'or. Et que devenir? il avait déjà une faim dévorante : que serait-ce à l'heure du dîner? Et ne mourrait-il pas d'inanition au moment du souper, qui, à n'en pas douter, se composerait encore de plats d'une digestion aussi difficile? Combien de jours allait-il survivre à un régime d'une substance aussi riche?

Ces tristes réflexions troublèrent si fort le roi Midas, qu'il en était arrivé à se demander si, après tout, l'opulence est le seul bien désirable de ce monde, ou même si c'est le plus désirable. Mais ce n'était là qu'une idée passagère. Fasciné par l'éclat du précieux métal, il aurait encore refusé de renoncer au toucher d'or pour une considération aussi mesquine que celle d'un déjeuner. Vous représentez-vous, mes petits amis, l'étendue

Cher Bijou, ma bien aimée. (*Marie d'or.*)

d'un pareil sacrifice? Il lui en aurait coûté des millions de millions, tant de millions que l'éternité ne suffirait pas à en faire l'addition, pour avoir une friture de truites, un œuf à la coque, une pomme de terre, un gâteau et une tasse de café.

Néanmoins, il avait tellement faim, et son inquiétude était si grande, qu'il ne cessait de gémir tout haut et de la manière la plus pitoyable. Notre gentille petite Marie ne put se retenir plus longtemps. Les yeux fixés sur son père, elle cherchait de toute la force de sa jeune intelligence à s'expliquer ce qui pouvait lui être arrivé; enfin, poussée par l'inquiétude et l'affection, elle quitta sa chaise, et, courant à Midas, lui passa les bras tendrement autour des genoux. Lui se baissa et l'embrassa. Il sentait amèrement combien l'amour de sa petite fille valait mille fois plus que tout ce qu'il avait gagné par la faculté surnaturelle dont il se trouvait doué.

« Cher bijou, ma bien-aimée! » s'écria-t-il.

Mais Marie-d'Or ne répondit pas. Hélas! qu'avait-il fait? quel don fatal lui avait accordé l'étranger? Au moment où ses lèvres avaient effleuré le front de l'enfant, une métamorphose s'était subitement opérée. La figure de Marie, tout à l'heure si fraîche, si pleine de grâce et de tendresse, avait pris une teinte jaune et brillante; ses larmes s'étaient congelées le long de ses joues, et les beaux cheveux bruns qui retombaient sur ses épaules avaient perdu leur souplesse et leur couleur. Son corps gracieux s'était roidi, métallisé sous les lèvres de son père. Oh! malheur et désolation! Victime de la passion insatiable de Midas pour les richesses, Marie n'était plus qu'une statue d'or!

Ses yeux fixes avaient encore leur regard inquiet et suppliant; une expression d'amour, de douleur et de pitié, restait empreinte sur son visage immobile, et c'était à la fois la vue la plus douce et la plus déchirante que l'on pût contempler : tous les traits de Marie-d'Or, dans leurs moindres détails, jusqu'à cette délicieuse petite fossette marquée dans son joli menton. Mais plus la ressemblance était frappante, plus le désespoir du père était navrant à la vue de cette image d'or, reste unique, hélas! de la pauvre Marie. Toutes les fois qu'il voulait exprimer sa tendresse paternelle, Midas avait coutume de dire que sa fille valait son pesant d'or. Cette phrase était désormais d'une vérité absolue; et le malheureux père reconnaissait enfin, mais trop tard, combien un cœur tendre et affectueux a plus de valeur que toutes les richesses de la terre!

Je craindrais de vous offrir un tableau trop pénible, si je vous décrivais comment Midas, pleinement exaucé dans tous ses désirs, se mit à se tordre les mains et à se lamenter, ne pouvant ni supporter la vue de sa fille ni détourner d'elle son regard; il

Je suis bien misérable, s'écria-t-il. (*Marie d'or.*)

ne pouvait croire à l'horreur de la réalité qu'en fixant les yeux sur cette ravissante petite figure, dont une larme sillonnait la joue d'or massif, et qui avait un air si compatissant et si tendre. Alors il s'arrachait les cheveux et il souhaitait d'être l'homme le plus misérable du monde entier, si la perte de toutes ses richesses pouvait ramener la nuance rosée la plus légère sur les joues de sa chère enfant.

En proie à tous les déchirements du désespoir, il aperçut tout à coup, debout à la porte, l'étranger mystérieux. Midas laissa tomber sa tête sur sa poitrine sans proférer une parole : il avait reconnu la même figure qui lui avait apparu, la veille, au milieu de ses trésors, et dont il avait reçu cette terrible faculté du toucher d'or. Le visage de l'étranger s'épanouissait toujours dans un sourire, et répandait une lumière jaunâtre dans toute la chambre, sur tous les objets transformés au contact de Midas, et particulièrement sur l'image de la petite Marie.

« Eh bien! mon bon ami, dis-moi, je te prie, comment tu te trouves du toucher d'or? »

Midas secoua la tête.

« Je suis bien misérable, s'écria-t-il.

— Bien misérable, dis-tu? Comment cela se fait-il donc? N'ai-je pas fidèlement tenu ma promesse? N'as-tu pas vu se réaliser tous tes souhaits?

— L'or n'est pas tout dans ce monde; j'ai perdu le principal objet de tous mes vœux, répondit Midas.

— Ah! ah! c'est une découverte que tu as faite depuis hier? Eh bien! voyons. Laquelle de ces deux choses estimes-tu davantage : le don du toucher d'or, ou une tasse d'eau limpide et fraîche?

— Oh! de l'eau, c'est une bénédiction! s'écria Midas; mais l'eau ne rafraîchira plus mon gosier desséché!

— Le toucher d'or, poursuivit l'étranger, ou une croûte de pain sec?

— Un morceau de pain vaut plus que tout l'or de la terre!

— Le toucher d'or, ou la petite Marie pleine de vie, de grâce, d'amour, comme elle était il y a une heure?

— Oh! mon enfant, ma chère enfant! cria le pauvre roi en se tordant encore les mains. Je n'aurais jamais donné la simple petite fossette de son menton pour le pouvoir de fondre le globe entier en un bloc massif de cette précieuse matière.

— Tu es plus sage que tu ne l'étais hier, dit l'inconnu en regardant sérieusement le roi Midas. Ton cœur, je m'en aperçois, n'a pas été complètement réduit à l'état de lingot. S'il en eût été ainsi, la situation était en vérité désespérée. Mais tu parais encore susceptible de comprendre que les choses les plus ordinaires, telles qu'elles se trouvent sous la main de tout le monde, ont plus de prix que les richesses après lesquelles tant de gens avides soupirent si ardemment. Voyons, désires-tu avec sincérité te débarrasser de ce toucher d'or ?

— Il m'est odieux ! » répondit Midas.

A ce moment une mouche vint se poser sur son nez, et retomba immédiatement à terre ; car l'insecte aussi était changé en or. Midas frissonna d'épouvante.

« Eh bien ! fit l'étranger, va te plonger dans la rivière qui coule au fond de ton jardin. Apporte en même temps un vase de son eau, et asperges-en tous les objets auxquels tu désireras rendre leur substance primitive. Si tu le fais avec confiance, peut-être répareras-tu le malheur occasionné par ta cupidité. »

Le monarque s'inclina profondément. Quand il releva la tête, la brillante apparition s'était évanouie.

Vous comprendrez sans peine que Midas ne tarda pas une minute. Il se saisit aussitôt d'un grand pot de terre (mais, hélas ! ce pot n'était déjà plus de terre à son contact), et courut au lieu indiqué. A mesure qu'il trottait lestement, en se frayant un chemin à travers les buissons et les arbrisseaux, le feuillage se mit à jaunir, ô prodige ! comme si l'automne avait passé à cet endroit seulement. Parvenu au bord de la rivière, il s'y précipita tête baissée, sans même avoir la précaution d'ôter ses chaussures.

« Pouf! pouf! pouf! s'en allait-il soufflant, en sortant la tête de l'eau. Voici un bain d'une fraîcheur délicieuse; j'espère qu'il m'aura tout à fait débarrassé du toucher d'or. » Et il se hâta d'emplir son vase.

En le plongeant dans l'eau, son cœur battit de plaisir à voir ce bon et honnête vase d'argile se métamorphoser derechef et recouvrer sa nature primitive. Midas avait conscience en outre qu'un changement s'était opéré en lui-même; sa poitrine se dégageait d'un poids écrasant et glacial. Sans nul doute, son cœur avait petit à petit perdu sa substance humaine, et s'était transmué en un organe insensible et métallique; mais évidemment il se ramollissait et s'adoucissait comme un vrai cœur de chair. Apercevant une violette sur le rivage, Midas la toucha du doigt, et fut au comble de la joie en s'assurant que la délicate petite fleur avait conservé sa nuance naturelle, au lieu de se teindre en jaune, brillant, il est vrai, mais couleur de feuille morte. Le maudit toucher d'or lui était donc bien positivement enlevé.

Le roi Midas rentra bien vite au palais. Je suppose que les domestiques étaient tout ébahis à la vue de leur royal maître apportant avec tant de soin une simple cruche d'eau. Mais cette eau, qui devait réparer tout le mal causé par l'extravagance de Midas, avait pour lui plus de prix qu'un immense océan d'or fondu. Il n'eut rien de plus pressé, comme vous devez bien vous l'imaginer, que d'asperger la figure métallique de Marie-d'Or.

A l'instant même où l'eau effleura la chère enfant, vous n'auriez pas pu vous empêcher de rire à l'aspect des roses animant de nouveau ses petites joues! Et quand elle se mit à éternuer, et à repousser l'eau qui lui entrait dans la bouche! Elle n'en revenait pas de se trouver toute mouillée et de voir son père continuer à l'arroser avec tant d'empressement.

« Ah! cher père, je vous en prie, finissez! criait-elle. Me voilà toute inondée, et c'est ma belle robe que j'ai mise ce matin pour la première fois! »

Car Marie ne savait pas qu'elle avait été une petite statue d'or, et elle ne se souvenait de rien, depuis le moment où elle s'était élancée, les bras ouverts, pour consoler le pauvre roi Midas.

Celui-ci ne crut pas nécessaire de dire à son enfant chéri quelle folie il avait commise; il se contenta de lui prouver qu'il était devenu beaucoup plus sage. A cet effet, il conduisit la petite Marie-d'Or dans le jardin, où il fit une aspersion générale avec le reste de l'eau, et avec tant de succès, que plus d'un millier de roses recouvrèrent leur fraîcheur primitive. Deux circonstances cependant rappelèrent à Midas, tant qu'il vécut, ce fameux don du toucher d'or : la première, c'était que les sables de la rivière brillaient comme de la poudre d'or; l'autre, que les cheveux de sa fille avaient pris une teinte qu'il n'avait pas remarquée avant de lui donner ce baiser, cause de sa métamorphose. Ce changement de nuance était réellement une beauté de plus, et la chevelure de Marie y avait gagné un éclat qu'elle n'avait pas auparavant.

Le roi Midas, devenu tout à fait vieux, prenait plaisir à raconter cette histoire merveilleuse aux enfants de Marie-d'Or, quand il les faisait sauter sur ses genoux, et la leur disait à peu près dans les termes que je viens de vous rapporter; puis il passait ses doigts dans leurs boucles soyeuses, et leur disait que leurs cheveux avaient aussi des reflets dorés qu'ils tenaient de leur mère.

« Et pour ne rien vous cacher, mes gentils petits amis, répétait Midas, qui ne cessait pas de faire aller les enfants au trot et au galop, depuis ce matin-là, je n'ai jamais pu souffrir la vue de ce qui avait la couleur de l'or, excepté vos jolis cheveux blonds. »

« Eh bien! enfants, demanda Eustache, qui aimait toujours à découvrir l'opinion de ses auditeurs, avez-vous jamais entendu une meilleure histoire que celle du *Toucher d'Or?*

— Oh! quant à cela, dit la maligne Primerose, l'histoire du roi Midas était déjà fameuse un millier d'années avant que M. Eustache vînt au monde, et continuera de l'être bien longtemps après sa mort. Mais certaines gens sont doués de ce que j'appellerai le *toucher de plomb*, et rendent lourd et ennuyeux tout ce qui passe par leurs mains.

—Vous êtes bien caustique pour votre âge, répondit Eustache, assez décontenancé par l'observation piquante de Primerose. Cependant, vous savez bien, au fond de votre bon petit cœur, que j'ai prêté un éclat tout nouveau au vieil or de Midas, et qu'il brille en ce moment comme il ne brilla jamais avant moi. Et cette figure de *Marie-d'Or!* n'est-ce pas là un travail d'une jolie invention? N'en ai-je pas tiré et fait ressortir la morale avec beaucoup d'habileté? Qu'en pensez-vous, Joli-Bois, Marguerite, Pervenche? Y aurait-il quelqu'un parmi vous qui, après avoir écouté cette histoire, eût la folie de désirer le don de changer tout en or?

—Oh! moi, je voudrais, s'écria Pervenche, jeune personne de dix ans, avoir la puissance de métamorphoser tout en or avec le doigt de ma main droite; et puis, avec celui de ma main gauche, de rendre aux objets leur substance naturelle, si le changement ne me plaisait pas. Je sais bien ce que je ferais aujourd'hui même!

— Dis-le-moi, je t'en prie, demanda Eustache.

— Eh bien, je toucherais chacune de ces feuilles dorées avec le doigt de ma main gauche, et je leur rendrais leur ancienne verdure ; de cette manière, nous nous retrouverions tout d'un coup en plein été, et en même temps, d'un seul trait, je supprimerais ce vilain hiver.

— Vous auriez bien tort, Pervenche, et vous commettriez une grande faute. Si j'étais Midas, moi, je ne voudrais créer que des jours dorés comme ceux-ci, sans cesse et sans cesse, toute l'année durant. Mes meilleures idées me viennent toujours trop tard. Pourquoi ne vous ai-je pas conté comment le vieux roi Midas avait débarqué en Amérique, et changé le sombre automne, tel qu'il existe dans les autres pays, en une saison d'une beauté si éclatante dans le nôtre? C'est Midas qui a doré les feuilles du grand livre de la nature.

— Cousin Eustache, dit Joli-Bois, gentil petit garçon toujours disposé à faire mille questions sur la hauteur précise des géants et la petitesse imperceptible des fées, quelle était la taille de Marie-d'Or, et combien pesait-elle après sa métamorphose?

— Elle était à peu près aussi grande que toi, répliqua Eustache; comme l'or est très-lourd, elle devait peser au moins deux mille livres et aurait pu être frappée en monnaie pour un peu plus de trois millions de francs. Je voudrais bien que Primerose valût seulement la moitié de cette somme. Et maintenant, grimpons sur la colline pour regarder autour de nous ! »

Les enfants suivirent son avis. Il était une ou deux heures de l'après-midi, et le soleil inondait de ses rayons la vallée débordante de lumière, qui semblait en verser les flots sur les pentes des collines voisines, pareille à une coupe gigantesque d'où s'écoule une nappe de vin doré. C'était une si belle journée que vous n'auriez pu vous empêcher de dire qu'il n'y en eut jamais d'aussi ravissante ; et cependant celle d'hier était aussi belle, et demain le temps sera tout aussi délicieux. Ah ! c'est qu'il y en a si peu de semblables dans toute une année ! Une particularité remarquable de ces jours d'octobre, c'est que chacun d'eux promet d'occuper un long espace de temps ; cependant, à cette époque, le soleil se lève assez tard, et va se coucher, comme les petits enfants devraient le faire, s'ils étaient sages, au coup raisonnable de six heures, ou même un peu plus tôt. Nous ne pouvons donc pas dire que ces journées soient longues ; mais elles nous paraissent compenser leur brièveté par leur charme et leur douceur, et, quand la nuit survient, nous avons la conscience d'avoir, depuis le matin, respiré la vie à pleins poumons.

« Allons, enfants, venez, venez ! leur cria Eustache

Bright ; des noix, toujours des noix ! remplissez vos paniers ; aux vacances de Noël, je vous les casserai, en vous racontant d'admirables histoires ! -»

Et nos petits camarades s'éloignèrent, tous rayonnant de gaieté, à l'exception de Joli-Bois, qui, je suis fâché de vous le dire, s'était assis sur l'enveloppe hérissée de pointes de châtaignes et se trouvait dans la situation d'une pelote garnie d'épingles. Mon Dieu ! qu'il devait être mal à son aise !...

LE
PARADIS DES ENFANTS

LES VACANCES DE NOËL.

Les jours dorés d'octobre avaient passé comme les jours de tant d'autres mois d'octobre ; le sombre novembre s'était écoulé, ainsi que la plus grande partie du froid décembre. Enfin arrivèrent les joyeuses fêtes de Noël. Eustache Bright, dont la présence rendait encore plus gai le retour de cette époque de plaisirs, ne manqua pas au rendez-vous. Le lendemain de son départ du collége, il tomba une neige épouvantable. Jusqu'à ce moment, l'hiver avait retardé ses rigueurs, en nous laissant de nombreuses et charmantes journées, comme autant de sourires sur sa face toute ridée. L'herbe s'était conservée fraîche et verte dans les parties abritées, surtout au bas des pentes exposées au midi, et le long des murailles protectrices. Il y avait à peine une semaine ou deux que les enfants avaient trouvé une petite dent-de-lion sur le bord du ruisseau, à l'endroit où il s'échappe du vallon.

Mais en ce moment, plus de gazon verdoyant, plus de dents-de-lion en fleurs.... Quelle neige il faisait!... Si le regard avait pu traverser l'atmosphère toute remplie de givre, on aurait vu la plaine immense couverte de frimas à plus de dix lieux à la ronde, entre les fenêtres de Tanglewood et le piton du Taconic. Les collines semblaient être autant de géants qui, dans leurs puissants ébats, se lançaient à la face de nombreuses poignées de flocons glacés. La neige tombait en nuages si épais, que les arbres mêmes, à mi-chemin de la vallée, disparaissaient à la vue. Quelquefois, il est vrai, les petits prisonniers de Tanglewood pouvaient distinguer la forme vivement dessinée de Monument-Mountain, dont le pied se baignait dans le lac, blanc comme une glace dépolie; ou encore les bandes grises et noires des bouquets de bois qui occupaient les premiers plans du paysage : mais ce n'étaient que des éclaircies à travers la tempête.

Néanmoins, les enfants se réjouissaient fort de cette abondance de neige. Ils s'étaient déjà familiarisés avec elle, en se culbutant dans les endroits où elle s'était amassée et en s'en jetant à la figure, comme nous venons de l'imaginer pour les montagnes de Berkshire. Aujourd'hui ils étaient revenus à leur salle de jeu, aussi spacieuse que le salon, et encombrée de jouets variés de toutes les dimensions. Le plus grand était un cheval à bascule qui ressemblait tout à fait à un poney ; il y avait une famille complète de poupées à têtes de bois, de cire, de plâtre et de porcelaine, ainsi que des bébés en chiffons ; il y avait assez de pierres et de morceaux de bois pour ériger un monument ; des quilles, des balles, des toupies d'Allemagne, des raquettes, des jeux de grâces, des cordes à sauter ; enfin plus de ces choses précieuses que je ne pourrais en énumérer dans une page d'impression. Mais à tous ces trésors les enfants préféraient encore la neige. Elle leur promettait pour le lendemain, et même pour le reste de l'hiver, tant de joyeux amusements : promenades en traîneau, glissades du haut de la colline au bas de la vallée, figures à pétrir, forteresses à élever, projectiles de toute grosseur !

Ainsi ce petit peuple bénissait les rigueurs de la saison. Il devenait de plus en plus heureux, en voyant les flocons s'épaissir et s'empiler dans l'avenue au point d'y former une couche plus profonde qu'ils n'étaient grands eux-mêmes.

« Nous allons être bloqués jusqu'au printemps ! criaient-ils avec délire. Quel dommage que la maison soit trop haute pour être entièrement ensevelie ! La petite maison rouge qui est là-bas va être couverte jusqu'au toit.

— Méchants enfants que vous êtes, qu'avez-vous

besoin de plus de neige que cela? demanda Eustache, fatigué de la lecture de quelque roman qu'il venait de parcourir, et faisant son entrée dans la salle de jeu. Elle a déjà causé assez de mal, j'espère, en gâtant la glace sur laquelle je comptais pour cet hiver. Nous sommes condamnés à ne pas voir autre chose jusqu'au mois d'avril ; et aujourd'hui, je devais patiner pour la première fois ! N'as-tu pas pitié de moi, Primerose ?

— Oh ! certainement ! répondit celle-ci en riant. Mais, pour vous consoler, nous écouterons une autre de vos vieilles histoires, comme vous nous en avez déjà dit sous le porche, et plus tard sur les bords du Shadow-Brook. Je les aimerai mieux maintenant qu'on n'a rien à faire. C'est bien différent lorsqu'il y a des noix à ramasser, ou qu'on peut jouir du beau temps. »

Là-dessus Pervenche, Pâquerette, Joli-Bois et tous les autres membres de la petite bande fraternelle encore présents à Tanglewood, entourèrent Eustache, et le supplièrent de leur raconter une histoire. L'écolier commença par bâiller, par se détirer les bras ; puis, à la grande admiration de ses petits spectateurs, il sauta trois fois en avant et en arrière par-dessus le dos d'une chaise, afin, comme il le leur expliqua, de mettre son esprit en mouvement.

« Eh bien, dit-il quand, après tous ces préliminaires, il se fut décidé à donner cours à sa faconde, puisque vous l'exigez et que Primerose en a exprimé le désir, je vais méditer ce qu'on peut faire en votre faveur. D'abord, pour vous apprendre quels heureux jours c'étaient avant que les rafales de neige devinssent à la mode, je vous raconterai une histoire du plus vieux des vieux temps, quand le monde était aussi nouveau que la toupie d'Allemagne de Joli-Bois. Il n'y avait alors qu'une seule saison dans l'année, l'été ; qu'un seul âge pour les mortels, l'enfance.

— Je n'ai jamais entendu parler d'un semblable phénomène, dit Primerose.

— Je n'en suis pas étonné, répondit Eustache. C'est une fiction que personne autre que moi n'a jamais imaginée : un Paradis d'enfants ; et en même temps, vous saurez comment l'espièglerie d'un petit lutin, dans le genre de Primerose que voici, détruisit tout ce bonheur. »

Cela dit, Eustache Bright s'assit sur la chaise qu'il avait franchie tout à l'heure, installa Primevère sur son genou, ordonna le silence dans l'auditoire, et entama le récit des aventures d'une pauvre petite fille désobéissante qui s'appelait Pandore et de son petit compagnon Épiméthée. En tournant la page, vous pourrez le lire mot pour mot.

LE
PARADIS DES ENFANTS.

Dans l'ancien temps, oh! mais bien ancien, quand ce vieux monde ne faisait que naître, il existait un enfant nommé Épiméthée, qui n'avait jamais eu ni père ni mère; et, afin de ne pas le laisser seul, on lui envoya, d'un pays bien lointain, un autre enfant, également sans père ni mère, pour jouer avec lui et lui tenir compagnie. C'était une petite fille que l'on appelait Pandore.

Au moment où celle-ci mit le pied sur le seuil de la cabane où demeurait Épiméthée, la première chose qui frappa ses regards fut une grande boîte. La première question qu'elle lui adressa fut celle-ci :

« Épiméthée, qu'avez-vous donc dans cette boîte ?

— Chère petite Pandore, c'est un secret; il faut avoir la bonté de ne pas me faire de questions. La boîte a été déposée ici pour être mise en sûreté, et moi-même je ne sais pas ce qu'elle contient.

— Mais d'où vient-elle et qui vous l'a donnée ?

— C'est encore un secret.

— Ah ! que c'est ennuyeux ! s'écria Pandore en faisant une petite moue. Puissent les dieux nous débarrasser de cette grande vilaine boîte !

— Oh ! ne pensez plus à cela ! Allons courir dehors, et jouer à quelques jolis jeux avec les autres enfants. »

Il s'est passé des milliers d'années depuis l'existence d'Épiméthée et de Pandore ; et le monde, au temps où nous vivons, est bien différent de ce qu'il était à leur époque. Dans ce temps-là, il n'y avait que des enfants. Les papas et les mamans étaient inutiles, parce qu'il n'y avait point de dangers, d'inquiétudes d'aucun genre, point d'habits à raccommoder, et qu'on rencontrait partout abondamment de quoi boire et de quoi manger. Toutes les fois qu'un enfant désirait son dîner, il le trouvait prêt sur un arbre ; s'il examinait cet arbre le matin, il pouvait distinguer, dans la fleur naissante, le souper qu'il aurait le soir ; et, à ce moment de la journée, il voyait le déjeuner du lendemain s'épanouir dans les boutons des branches. Oh ! quelle vie délicieuse ! Aucun travail à faire ; point de leçons à étudier ; rien que des jeux et des danses ; et, tout le long du jour, de douces voix enfantines gazouillant comme le ramage des oiseaux, ou animées par de joyeux éclats de rire.

Mais ce qu'il y avait de plus merveilleux, c'est qu'il ne s'élevait pas une querelle parmi tous ces enfants. On n'entendait jamais de cris désagréables, et depuis le commencement du monde on n'avait pas vu une seule de ces petites créatures quitter ses camarades pour aller bouder dans un coin. Oh! qu'il faisait bon vivre dans ce temps-là! Il est vrai de dire que ces vilains monstres ailés, appelés les *Peines* et les *Soucis*, aujourd'hui presque aussi nombreux que les moustiques, ne s'étaient pas encore montrés sur la terre. Il est probable que jamais enfant n'avait subi une épreuve aussi pénible que celle de Pandore, se trouvant en présence d'un secret qu'elle brûlait de connaître et ne pouvait pénétrer.

Ceci n'était réellement que l'ombre d'une peine; mais tous les jours cette ombre sembla prendre corps, tellement qu'à la fin la demeure d'Épiméthée et de Pandore eut un aspect plus sombre que celle des autres enfants.

« Mais d'où vient donc cette boîte? répétait sans cesse Pandore à Épiméthée ainsi qu'à elle-même. Que peut-il y avoir dedans?

— Toujours la boîte! répondit-il enfin, à bout de patience. Je voudrais bien, chère Pandore, te voir parler de quelque autre chose. Allons, viens avec moi cueillir des figues et les manger sous les arbres. Et puis je connais une vigne où le raisin est si bon !

— Tu parles continuellement de vignes et de raisins ! cria la petite fille d'un ton maussade.

— Eh bien ! alors, reprit le petit garçon, qui était doué d'un excellent caractère, comme une multitude d'enfants dans ce temps-là, allons jouer avec nos camarades.

— Je suis ennuyée de jouer, et m'en soucie fort peu ! répondit notre petite espiègle. Tout m'ennuie ; cette vilaine boîte aussi ! Je ne cesse d'y penser. Je veux absolument que tu me dises ce qu'elle contient.

— Mais puisque je n'en sais rien ! repartit Épiméthée un peu piqué. Comment pourrais-je te le dire ?

— Alors, ouvre-la, dit Pandore en lançant un regard significatif du côté de la boîte, et nous verrons ce qu'elle contient.

— A quoi penses-tu ? » s'écria le discret petit garçon.

Et sa physionomie exprima tant d'horreur à l'idée de violer le dépôt qu'on lui avait confié en lui recommandant expressément de n'y pas toucher, que Pandore crut bien faire de ne pas renouveler sa demande. Pourtant, la même préoccupation continua à l'assiéger.

« Tu me diras bien au moins, reprit-elle, comment elle est venue ici.

Un personnage à l'air rusé et moqueur. (*Le paradis des enfants.*)

— Elle a été laissée à la porte, quelques moments avant ton arrivée, par un personnage à l'air rusé et moqueur, qui pouvait à peine s'empêcher de rire en la déposant. Il était vêtu d'une sorte de manteau bizarre, et portait une coiffure en partie composée de plumes; on eût presque dit des ailes.

— Quelle sorte de bâton avait-il?

— Le bâton le plus curieux qu'on ait jamais pu voir. C'était comme deux serpents qui se tordaient autour d'une baguette, et si artistement sculptés, qu'on les eût crus vivants.

— Je sais qui c'est, dit Pandore d'un air pensif. Personne que lui n'a un pareil bâton. C'était Vif-Argent; c'est lui qui m'a amenée ici, comme la boîte. A coup sûr, il me la destinait; très-probablement elle contient de jolis habits pour moi, ou des joujoux pour nous deux, ou quelques friandises.

— Cela peut être, répondit son petit compagnon en se détournant; mais, jusqu'à ce que Vif-Argent revienne nous le permettre, nous n'avons, ni l'un ni l'autre, aucun droit de soulever le couvercle.

— Mon Dieu, que ce garçon-là est borné! murmura Pandore en voyant s'éloigner Épiméthée. Je voudrais qu'il eût un peu plus de hardiesse. »

Pour la première fois depuis l'arrivée de Pandore, Épiméthée était sorti sans lui demander de le suivre. Il alla cueillir tout seul des figues et des raisins, ou chercher à se distraire avec d'autres camarades. Il était ennuyé d'entendre parler continuellement de cette boîte, et aurait voulu pour beaucoup que Vif-Argent l'eût laissée à la porte d'une autre cabane, de manière à ne pas attirer les regards de la petite curieuse. Elle était si obstinée à s'occuper sans relâche et uniquement de la même pensée ! La boîte, la boîte, et toujours la boîte ! Il semblait qu'il n'y eût pas assez de place dans la cabane, et que Pandore ne pût faire un pas sans trouver cette boîte toujours sur son passage et sans s'y heurter les jambes.

Il était vraiment bien dur pour le pauvre Épiméthée d'entendre les mêmes paroles depuis le matin jusqu'au soir, surtout à une époque où le peuple enfantin de la terre éprouvait si peu de contrariétés qu'il ne savait quel remède y apporter. Le moindre ennui produisait autant d'effet alors que de nos jours les plus grands maux.

Après le départ d'Épiméthée, Pandore resta en contemplation devant la boîte. Elle l'avait déclarée laide plus de cent fois ; mais, malgré tout ce qu'elle en avait dit de peu flatteur, c'était réellement un meuble d'une élégance remarquable, qui aurait fait l'ornement du plus riche salon. Elle était d'un bois de la plus grande beauté, avec des veines brillantes et bien marquées, et si parfaitement poli, qu'il pouvait servir de miroir ; et comme la belle enfant n'avait pas d'autre glace, il est étrange que, pour ce motif seulement, elle ne l'appréciât pas.

Les bords et les angles étaient ciselés avec une habileté merveilleuse. Tout autour régnait une guirlande composée d'hommes, de femmes, et des plus jolis enfants que l'on ait jamais vus, dans une attitude gracieuse, ou folâtrant au milieu d'une profusion de fleurs et de feuillages. Le dessin était d'un travail si exquis et d'une composition si harmonieuse, que fleurs, feuillages et formes humaines représentaient, en se combinant, un assemblage de tous les genres de beauté. Néanmoins Pandore s'imagina apercevoir une ou deux fois, à travers le feuillage, une figure moins belle, un je ne sais quoi peu agréable et qui déparait la grâce de l'ensemble; et cependant, en y regardant de plus près et en posant le doigt sur le point qu'elle avait observé, elle ne découvrait rien. Cette tête, en réalité fort belle, avait été disposée de manière à paraître laide, si on la considérait d'un certain côté.

La partie la plus remarquable était sculptée en ronde-bosse et placée au centre du couvercle. On ne voyait rien autre chose sur le bois noir, brillant et bien poli, qu'une seule figure au milieu, le front ceint d'une couronne de fleurs. Pandore, après un long examen de ce détail artistique, se persuada que la bouche avait la faculté de sourire ou d'être sérieuse, comme aurait pu l'être celle d'une personne vivante. Les traits étaient, à vrai dire, tous empreints d'une expression vive et malicieuse, qui n'attendait qu'un signe pour éclater sur les lèvres et se révéler par des mots piquants.

Si la bouche eût parlé, elle aurait probablement dit à peu près ce qui suit :

« N'aie pas peur, Pandore! Quel mal peut-il y avoir à ouvrir cette boîte? Ne fais donc pas attention à ce pauvre benêt d'Épiméthée! Tu en sais beaucoup plus long que lui, et tu as dix fois autant d'esprit. Ouvre la boîte, ouvre-la, Pandore, et tu verras si tu ne trouves pas de bien jolies choses! »

La boîte, j'ai oublié de le dire, était fermée, non avec une serrure ou tout autre mécanisme de ce genre, mais au moyen d'une corde d'or attachée par un nœud fort compliqué, qui n'avait ni commencement ni fin. Jamais nœud ne fut exécuté aussi savamment, avec tant de plis et de replis qui semblaient défier les doigts les plus expérimentés. Cependant, plus il lui paraissait difficile, plus Pandore était tentée de le dénouer, uniquement pour résoudre le problème de sa combinaison. Deux ou trois fois déjà, absorbée dans ses réflexions, elle s'était surprise tenant la corde entre le pouce et l'index, sans essayer positivement de la démêler.

« Je crois vraiment, se dit-elle, que je commence à deviner comment il est formé. Je pourrai peut-être le renouer après l'avoir délié. Il n'y aurait pas de mal à essayer; oh! non, assurément. Épiméthée lui-même ne me blâmerait certainement pas. Je n'ai pas besoin d'ouvrir ce coffre, et je ne devrais pas le faire sans le consentement de ce pauvre garçon, quand même le nœud serait débrouillé. »

Il aurait beaucoup mieux valu pour Pandore qu'elle n'eût pas été désœuvrée, et qu'elle eût n'importe quoi pour fixer son attention, de manière à ne pas être si constamment préoccupée du même désir. Mais les enfants menaient une vie tellement facile, avant qu'aucun des maux ne fît irruption dans le monde, qu'il leur restait beaucoup de loisirs. Ils ne pouvaient pas constamment jouer à cache-cache parmi les buissons fleuris, ni à bien d'autres jeux inventés déjà à cette époque où *la Terre*, notre mère commune, était encore dans l'enfance. Quand la vie n'est qu'un jeu, c'est le travail qui devient un véritable plaisir. Il n'y avait absolument rien à faire. Épousseter la chambre, cueillir les fleurs nouvelles (elles n'étaient que trop abondantes), les arranger dans des vases, voilà tout, je le suppose, et pour la pauvre Pandore la besogne était finie. Pour surcroît de malheur, la boîte se trouvait toujours là!

Bref, je ne suis pas bien sûr que cet objet ne lui apportât pas une sorte de bonheur : il lui inspirait tant de pensées diverses chaque fois qu'elle n'avait personne à écouter! Quand elle était de bonne humeur, elle admirait le poli brillant de sa surface, la riche bordure qui en ornait les côtés, et le feuillage qui serpentait à l'entour. S'il lui arrivait de céder à un mouvement d'impatience, elle pouvait la pousser, ou lui donner un coup avec son méchant petit pied. Et la pauvre boîte reçut coups de pieds sur coups de pieds; mais c'était une boîte pleine de malice et qui le méritait bien. Assurément, sans cette rencontre, notre petite Pandore, d'un esprit si actif, n'aurait su que faire d'une partie de ses journées.

C'était, en effet, une occupation continuelle que de chercher à deviner le mystère du contenu. Que pouvait-il y avoir dans cette boîte? Songez donc, mes chers petits auditeurs, comme vous seriez intrigués s'il y avait dans la maison une grande caisse et si vous aviez de fortes raisons de soupçonner que cette caisse est remplie de belles choses destinées à servir de cadeaux à Noël ou au premier jour de l'an. Pensez-vous que votre curiosité serait moindre que celle de Pandore? Et si vous restiez seuls avec cette caisse, ne seriez-vous pas un peu tentés de lever le couvercle? Mais vous ne le feriez pas. Oh! fi donc! Seulement, si vous croyiez qu'il y eût des jouets, ce serait bien dur de laisser échapper l'occasion d'y jeter un simple petit coup d'œil! Je ne sais pas si Pandore s'attendait à y trouver des joujoux, car on n'en fabriquait pas encore, probablement par la raison qu'à cette époque le monde lui-même n'était qu'un grand joujou pour ses habitants enfantins. Cependant notre petite curieuse se figurait qu'il devait y avoir là dedans quelque chose de très-beau et de très-précieux; c'est pour cela qu'elle se montrait aussi impatiente que l'aurait été chacune des petites filles qui m'entourent; peut-être un tant soit peu davantage, mais je ne voudrais pas le garantir.

Le jour dont nous parlons, tandis qu'Épiméthée cueillait des figues, la curiosité de Pandore fut plus vive que jamais, et elle s'approcha de la boîte, presque décidée à l'ouvrir, si cela lui était possible. Ah! malheureuse Pandore!...

Elle essaya de la soulever; mais la boîte était pesante, beaucoup trop pesante pour les bras d'un enfant. Elle la leva à quelques pouces par un des coins, et la laissa retomber lourdement et avec assez de bruit. Un instant après, elle crut entendre remuer dans l'intérieur; elle appliqua l'oreille sur le bois et retint son haleine pour écouter : il lui sembla saisir un murmure étouffé! Était-ce le battement de son cœur? Elle n'aurait pas pu le dire, et elle n'était pas bien sûre d'avoir entendu quelque chose, mais sa curiosité n'en était qu'un peu plus grande.

Comme elle relevait la tête, ses yeux tombèrent sur le nœud de la corde d'or.

« Il faut que ce soit une personne bien ingénieuse pour avoir fait un pareil nœud, se dit-elle ; mais je crois que je viendrai à bout de le dénouer ; je veux essayer au moins de découvrir les deux extrémités de la corde. »

Elle prit le lien d'or et en examina les entrelacs nombreux avec la plus grande attention. Presque sans le vouloir, ou tout à fait ignorante de la portée de son action, elle se trouva bientôt sérieusement occupée à le débrouiller. Tandis qu'elle se livrait à ce travail, le soleil vint à darder ses rayons à travers la fenêtre ouverte. On pouvait entendre en même temps les voix joyeuses des enfants qui folâtraient à distance, et probabablement au milieu d'elles la voix d'Épiméthée. Pandore s'interrompit pour écouter ces voix. Quelle belle journée il faisait ! Ne serait-il pas plus sage de laisser là le nœud malencontreux, de ne plus penser à la boîte, mais de courir rejoindre ses compagnons et de participer à leurs jeux ?

Ses doigts n'en continuaient pas moins, et presque à son insu, à défaire le nœud ; puis son regard s'arrêta machinalement sur la figure couronnée de fleurs placée sur le couvercle enchanté : il lui sembla que la bouche lui grimaçait un singulier sourire. « Ce visage a un bien mauvais œil, pensa-t-elle. Sourirait-il par hasard parce que je fais mal en ce moment ? J'ai bien envie de me sauver. »

Mais, par le plus étrange accident, elle tortilla le nœud d'une certaine façon qui produisit un résultat extraordinaire : la corde d'or se déroula d'elle-même, et laissa la boîte sans attache ; c'était à n'y plus rien comprendre.

« Quelle chose étonnante ! s'écria Pandore. Que va dire Épiméthée ? Et comment refaire le nœud tel qu'il était ? »

Elle essaya deux ou trois fois, mais ne put y parvenir. Les deux bouts de la corde s'étaient détortillés si subitement, qu'elle ne se rappelait pas le moins du monde leur premier arrangement. Plus elle s'efforçait de retrouver la forme du nœud qui l'avait tant frappée, plus la mémoire lui manquait : elle n'avait plus qu'à tout laisser dans cette situation et à attendre le retour d'Épiméthée.

« Mais, réfléchit-elle, quand il trouvera la corde dénouée, il saura que c'est moi qui ai fait cela. Comment lui persuader que je n'ai pas regardé ce qu'il m'a défendu de voir ? »

Et la pensée vint dans son mauvais petit cœur que, si elle devait être soupçonnée d'avoir commis une action indiscrète, il valait autant s'en donner la satisfaction. Méchante Pandore ! il fallait seulement penser à ce qu'il était bien de faire, et ne pas s'inquiéter de ce qu'allait croire ou dire votre petit camarade. Peut-être aurait-elle agi de cette manière, si la figure du couvercle n'eût pris une expression séduisante et persuasive, et s'il ne lui avait semblé, plus distinctement que jamais, entendre un bruit de voix à l'intérieur. Elle n'aurait pu affirmer que ce n'était pas l'effet de son imagination ; mais des chuchotements remplissaient son oreille, ou plutôt la curiosité lui soufflait ses tentations.

« Fais-nous sortir, chère Pandore, je t'en prie ; nous serons pour toi de si gentils compagnons ! Fais-nous sortir !

— Qu'est-ce que cela peut-être? se demandait-elle. Y a-t-il là quelque chose de vivant? Eh bien, oui ! j'y suis tout à fait décidée ; un seul petit coup d'œil, un seul ; et puis le couvercle se refermera tout aussi bien qu'à présent! Il n'y a certainement pas le moindre mal à y jeter un simple petit regard ! »

Mais il est temps de retourner à Épiméthée.

Pour la première fois, depuis que sa compagne était venue habiter avec lui, il avait eu l'idée de prendre plaisir à des jeux qu'elle ne partageait pas. Mais rien ne lui réussissait ; il n'était pas moitié aussi heureux que les autres jours. Il ne pouvait trouver une grappe de raisin assez douce, une figue assez mûre (si Épiméthée avait un défaut, c'était d'aimer un peu trop les figues), et son cœur avait perdu sa gaieté. Sa voix, dont les éclats si purs rendaient plus bruyants les jeux de ses compagnons, ne se mêlait plus à leur joyeux concert. Enfin il avait l'air si sombre et si ennuyé, que les autres enfants se perdaient en conjectures sur la tristesse où il était plongé; lui-même ne se rendait pas mieux compte de l'inquiétude qu'il éprouvait : car vous devez vous rappeler qu'à l'époque dont nous parlons, c'était dans la nature et dans l'habitude de chacun d'être heureux. Le monde n'avait pas encore fait l'expérience de la douleur. Pas une âme, pas un corps n'avait subi la moindre souffrance, ou ressenti le malaise le plus insignifiant.

À la fin, devinant qu'il était un obstacle aux divertissements de ses camarades, Épiméthée jugea bon de revenir près de Pandore, dont l'humeur était plus d'accord avec la sienne. Dans l'espoir de lui plaire, il cueillit quelques fleurs, et en tressa une couronne qu'il voulait lui donner. C'étaient des fleurs délicieuses : des roses, des lis, des boutons d'oranger, beaucoup d'autres encore qui laissaient, le long du chemin, une trace parfumée. La couronne fut tressée avec autant d'adresse qu'on peut raisonnablement en attendre d'un garçon. Les doigts des petites filles m'ont toujours fait l'effet d'être plus habiles à arranger des fleurs en couronnes; mais dans ce temps-là les garçons y étaient beaucoup plus adroits qu'ils ne le sont aujourd'hui.

Il faut mentionner ici qu'un gros nuage noir s'était amoncelé depuis quelque temps dans le ciel, sans cependant parvenir encore à intercepter les rayons du soleil. Mais, au moment où Épiméthée atteignit la porte de la cabane, ce nuage commença à s'épaissir et à produire une obscurité soudaine.

L'enfant entra doucement. Il voulait se glisser derrière Pandore et poser la couronne sur sa tête, avant même qu'elle s'aperçût de son approche. Il n'avait pas besoin de marcher si légèrement. Il aurait pu s'avancer à grands pas, aussi lourdement qu'un homme, j'allais dire qu'un éléphant, sans courir la chance d'être entendu de Pandore trop attentive à son œuvre. A l'instant où il pénétrait dans la cabane, l'imprudente avait la main posée sur le couvercle et allait le soulever.... Il la contempla. S'il avait jeté un cri, elle aurait retiré sa main, et peut-être le fatal mystère n'aurait-il jamais été connu.

Épiméthée lui-même, malgré le peu qu'il en disait, avait bien aussi sa part de curiosité. En voyant que Pandore était résolue à découvrir le secret, il prit le parti de ne pas laisser sa petite compagne posséder seule le don de la science. Et puis, s'il y avait quelque chose de joli ou de précieux, il se proposait bien de s'en approprier la moitié. Ainsi, après tous les sages conseils qu'il avait donnés à Pandore pour la corriger d'un défaut, Épiméthée

devint aussi fou et presque aussi coupable qu'elle.
C'est pourquoi, toutes les fois qu'il nous arrivera
de blâmer Pandore à cause des suites de son action,
n'oublions point de hausser les épaules en pensant
à son complice.

La pauvre enfant n'eut pas plus tôt soulevé le couvercle, que la cabane se remplit de ténèbres et d'horreur. Le nuage sombre avait tout à fait glissé sur le disque du soleil, et semblait l'avoir enseveli pour toujours. On entendait depuis quelques instants un bruit sourd et lointain, qui aussitôt éclata comme un violent coup de tonnerre. Mais Pandore, sans faire attention à ces présages, leva entièrement le couvercle, et plongea son regard dans l'intérieur. Alors un essaim de petites créatures ailées se heurtèrent vivement contre son visage, en s'envolant de leur prison; et au même instant elle reconnut la voix de son ami, qui s'écriait d'un ton lamentable :

« Oh! je suis piqué! je suis piqué! Méchante Pandore, pourquoi as-tu ouvert cette maudite boîte? »

Pandore lâcha le couvercle, qui retomba; et, se redressant, elle regarda autour d'elle, pour s'assurer de ce qui était arrivé à Épiméthée. Le nuage avait tellement assombri la chambre, qu'il lui fut impossible de rien distinguer. Elle entendit seulement un bourdonnement désagréable, comme celui qu'auraient pu faire un grand nombre de grosses mouches, d'énormes moustiques, de guêpes, de bourdons et de frelons, tous s'élançant à l'envi. Ses yeux s'étant un peu accoutumés à l'obscurité, elle vit des myriades de vilains êtres, avec un air abominablement méchant, des ailes de chauves-souris, et une queue armée de dards d'une longueur effrayante. Un de ces insectes avait piqué Épiméthée. Bientôt Pandore elle-même commença à pousser des cris aussi perçants et aussi douloureux que son compagnon, et à faire un bien plus grand vacarme. Un odieux petit monstre s'était attaché à son front, et lui aurait fait une piqûre de je ne sais quelle profondeur, si Épiméthée ne s'était empressé de l'en délivrer.

Et savez-vous quelles étaient ces affreuses créatures ainsi échappées de la boîte? C'était l'horrible famille des *Peines* terrestres ; les mauvaises *Passions*, les *Soucis*, plus de cent cinquante espèces de *Chagrins*, toutes les *Maladies* imaginables, toutes les *Méchancetés* et toutes les *Malices*. Bref, tous les maux qui ont depuis lors affligé la race humaine avaient été emprisonnés dans la boîte mystérieuse, et remis à la garde d'Épiméthée et de Pandore, afin de préserver de leurs atteintes les heureux enfants de la nature. Si les deux dépositaires de la tranquillité universelle avaient été fidèles à leur mission, personne n'eût jamais souffert, et aucun enfant n'aurait eu l'occasion de verser une larme depuis cette époque jusqu'à nos jours.

Mais (et vous pourrez voir quelle calamité pour le monde entier est causée par la mauvaise action d'un seul individu) Pandore en soulevant le couvercle de la boîte, Épiméthée, en n'arrêtant pas sa compagne, permirent à toutes les *Peines* de prendre un tel pied parmi nous, qu'il y a peu de chances qu'elles se laissent chasser facilement. En effet, il était impossible aux deux enfants, comme vous pouvez le penser, de garder renfermée dans leur étroite cabane cette nuée de petits monstres volants. Au contraire, la première chose qu'ils firent fut d'ouvrir toutes grandes les portes et les fenêtres, dans l'espoir de s'en débarrasser. Les Peines, désormais libres et en sécurité, prirent leur vol avec vitesse, se répandirent au dehors, et allèrent accabler de mille tourments les habitants de la terre jusque-là si heureux, et que pendant longtemps personne ne vit plus sourire. Toutes les fleurs, toutes les plantes, dont jusqu'alors pas une ne s'était flétrie, commencèrent à se pencher et à perdre leurs feuilles les unes après les autres. Les enfants, qui semblaient immortels, grandirent de jour en jour, arrivèrent bientôt à l'adolescence, devinrent des hommes et des femmes d'un âge mûr, enfin des vieillards cacochymes, avant d'avoir même songé à la vieillesse.

Cependant la méchante Pandore et le non moins coupable Épiméthée restèrent dans leur cabane,

Tous les deux avaient été cruellement piqués, et ressentaient des douleurs d'autant plus intolérables, que c'étaient les premières qu'ils éprouvaient. Ils ne comprenaient rien à leurs souffrances, et ne pouvaient pas savoir comment y remédier. De plus ils étaient d'une humeur massacrante l'un pour l'autre et vis-à-vis d'eux-mêmes, et, pour mieux y donner cours, Épiméthée se mit à bouder dans un coin, en tournant le dos à Pandore. De son côté celle-ci s'étendit sur le plancher et reposa sa tête sur l'abominable boîte. Elle pleurait amèrement, et sanglotait à se briser le cœur.

Soudain, un léger coup se fit entendre derrière le couvercle.

« Qu'est-ce que cela peut être? » s'écria Pandore en relevant la tête.

Soit que ce léger appel ne parvînt pas à l'oreille d'Épiméthée, soit qu'il fût trop maussade pour le remarquer, il ne fit aucune réponse.

« Tu es bien méchant de ne pas me parler, » dit-elle en redoublant ses sanglots.

Et le bruit de recommencer. Il résonnait doucement à l'intérieur de la boîte, comme produit par le choc délicat d'une toute petite main de fée.

« Qui êtes-vous? demanda Pandore, avec un reste de sa première tentation. Qui êtes-vous dans cette exécrable boîte? »

Une voix harmonieuse répondit : « Soulevez seulement le couvercle, et vous verrez.

— Non pas, non pas ! répondit Pandore en pleurant ; j'en ai assez, de ce couvercle ! Vous êtes là dedans, vilaine créature, et vous y resterez ! Nous avons vu s'envoler l'affreuse bande de vos frères et de vos sœurs ; ne vous imaginez pas que je vais être assez folle pour vous laisser sortir ! »

En disant ces mots, elle se tourna vers Épiméthée, s'attendant bien à se voir louer de sa prudence. Mais le boudeur grommela entre ses dents qu'elle était sage un peu trop tard.

« Oh ! répéta la douce petite voix, vous feriez bien mieux de me délivrer. Je ne suis pas de cette laide engeance qui a des pointes aiguës à la queue. Ce ne sont ni mes frères ni mes sœurs, comme vous le verriez tout de suite ; ouvrez-moi, je vous en prie. Oh ! vous allez m'ouvrir, n'est-ce pas, jolie Pandore ? »

Il y avait dans son accent une douceur si enchanteresse, qu'il était presque impossible d'y résister. Un certain soulagement avait insensiblement pénétré dans le cœur de la petite fille. Épiméthée aussi, quoique toujours dans son coin, s'était retourné à moitié et paraissait un peu moins affaissé.

« Cher Épiméthée, cria Pandore, as-tu entendu cette petite voix ?

— Certainement, répondit-il, sans être encore de bonne humeur. Eh bien, après?

— Faut-il lever le couvercle?

— Comme tu voudras. Tu as déjà causé tant de mal, que tu peux bien en faire davantage. Une Peine de plus ou de moins, dans une troupe aussi nombreuse que celle que tu as lancée dans le monde, ne peut pas faire une grande différence.

— Tu devrais parler avec plus d'indulgence! murmura Pandore en essuyant ses yeux.

— Méchant garçon! cria la petite voix dans la boîte, en riant d'un air malin. Il brûle d'envie de me voir. Allons, chère Pandore, lève-moi le couvercle. Il me tarde tant de te consoler! Laisse-moi seulement respirer un peu d'air, et tu verras que les choses ne sont pas aussi désolantes que tu le crois.

— Épiméthée! s'écria Pandore, advienne que pourra, je suis déterminée à ouvrir.

— Et comme le couvercle est trop pesant pour toi, répliqua celui-ci en s'élançant de sa place, je vais t'aider un peu. »

Ainsi, d'un commun accord, les deux enfants soulevèrent le couvercle. A l'instant prit son vol et plana dans la chambre une petite personne éclatante de lumière et de bienveillance, qui dissipait toutes les ombres sur son passage. Avez-vous jamais fait danser un rayon de soleil dans un endroit obscur en le réfléchissant sur un miroir? Eh bien,

Je m'appelle l'Espérance (*Le paradis des enfants*)

tel fut l'effet produit par la visite de l'être ailé, aimable et gracieux comme une fée. La charmante apparition vola d'abord à Épiméthée, posa légèrement le bout de son doigt sur le point enflammé où la première Peine l'avait piqué, et la douleur céda immédiatement. Puis elle effleura d'un baiser le front de Pandore, et sa blessure fut également guérie.

Après avoir accompli ces premiers actes de bonté, la brillante étrangère voltigea au-dessus de la tête des enfants, et leur sourit d'une manière si aimable, qu'ils pensèrent tous les deux n'avoir pas commis une grande faute en ouvrant la boîte : car cette gracieuse créature serait restée emprisonnée avec le reste de ces vilaines mouches à la queue armée de dards.

« Oh! dites-moi qui vous êtes, demanda Pandore à la séduisante créature.

— Je m'appelle l'*Espérance !* répondit la visiteuse; et c'est parce que j'ai le pouvoir de consoler qu'on m'a emprisonnée dans cette boîte, pour secourir les humains contre cette nuée d'horribles Peines que vous avez mises en liberté.

— Vos ailes sont de la couleur de l'arc-en-ciel! s'écria Pandore. Oh! comme elles sont belles!

— Oui! elles ont un reflet d'arc-en-ciel; car, si ma nature est joyeuse, je n'en suis pas moins faite de larmes tout autant que de sourires.

— Voulez-vous rester avec nous, dit Épiméthée, toujours, toujours ?

— Aussi longtemps que vous aurez besoin de moi, reprit la consolante messagère en souriant avec grâce, et je durerai tant que vous vivrez ici-bas. Je vous promets de ne jamais vous quitter. Il pourra venir des heures où vous croirez que j'ai complétement disparu; mais, au moment où vous n'y songerez plus, vous verrez briller l'iris de mes ailes dans votre cabane. Oui, chers enfants; et je sais quelque chose de très-bon et de très-beau qui vous sera donné dans la suite.

— Oh! dites-le-nous, s'écrièrent les enfants; dites-nous ce que cela peut être.

— Ne m'interrogez pas, répliqua l'*Espérance* en posant son doigt sur ses lèvres de rose. Mais ne désespérez point, si vous ne voyez pas venir cette belle chose tant que vous serez sur la terre. Fiez-vous à ma parole, car c'est la vérité.

— Nous avons confiance en vous ! » crièrent d'une seule voix Épiméthée et Pandore.

Et non-seulement ces deux pauvres enfants, mais tous ceux qui vinrent sur terre depuis lors, se reposèrent sur l'*Espérance*.

Quant à moi, je l'avoue, bien que ce fût une mauvaise action de la part de notre petite indiscrète, je ne peux pas m'empêcher de me réjouir de la curiosité de Pandore. Certes, les Peines voltigent toujours de par le monde, et, loin d'avoir diminué, elles se sont plutôt multipliées. C'est toujours une bande de maudits lutins ayant conservé leurs dards acérés et venimeux. J'ai déjà senti leurs cuisantes blessures, et je m'attends à les sentir encore ; mais aussi nous avons l'*Espérance !*... Elle vient dès que nous souffrons ; c'est elle qui spiritualise la terre, qui la renouvelle sans cesse ; et, alors même que la vie nous apparaît sous le plus heureux jour, l'*Espérance* nous montre dans ce bonheur actuel l'ombre de la félicité infinie qui nous attend dans l'avenir !

« Primerose, demanda Eustache en lui pinçant l'oreille, comment trouvez-vous ma petite Pandore ? Ne pensez-vous pas que c'est tout votre portrait ? Seulement vous n'auriez pas hésité si longtemps à ouvrir la boîte.

— J'aurais été bien punie de ma désobéissance, répliqua Primerose d'un air malin ; car la première chose que j'aurais vue surgir, après avoir soulevé le couvercle, eût été M. Eustache, sous la figure d'un de ces maudits lutins.

— Mon cousin, dit Joli-Bois, est-ce que cette espèce de coffre contenait toutes les peines qui sont survenues dans le monde ?

— Toutes ! jusqu'aux plus légères, mon enfant.

Cette neige qui a gâté mon patinage y était enfermée avec le reste.

— Quelle était la dimension de la boîte?

— Peut-être trois pieds de long, sur deux et demi de haut.

— Vous vous moquez de moi, cousin Eustache! Je sais bien qu'il n'y a pas assez de peines dans l'univers pour remplir une aussi grande boîte que cela. Quant à la neige, ce n'est pas du tout une peine, mais un plaisir; ainsi elle n'y était pas!

— Entendez-vous cet enfant? s'écria Primerose d'un air de supériorité. Comme il est peu au fait du chagrin d'ici-bas! Pauvre petit! Il sera plus savant quand il connaîtra la vie autant que je la connais. »

Tout en disant cela, elle se mit à sauter à la corde.

Cependant le jour était sur son déclin. Au dehors tout paraissait plongé dans la désolation. On apercevait, à travers le crépuscule, un tourbillon gris, et à perte de vue le sol paraissait aussi dépourvu de sentiers que l'air même qui l'entourait. Le banc de neige superposé sur les marches du porche prouvait que personne n'avait pénétré dans la maison ou n'en était sorti depuis plusieurs heures. Si un des enfants s'était trouvé seul à la fenêtre de Tanglewood, regardant cette tourmente glacée, peut-être ce spectacle l'aurait-il attristé. Mais une douzaine de petits compagnons réunis, bien qu'ils ne puissent transformer la terre en un vrai paradis, savent encore défier le vieil hiver et ses rigueurs de leur faire perdre leurs bruyants éclats de rire. Eustache Bright, aiguillonné par la circonstance, inventa plusieurs sortes de jeux qui entretinrent la gaieté des enfants jusqu'au moment d'aller au lit, et qui servirent à égayer la mauvaise ournée du lendemain.

LES
TROIS POMMES D'OR

UN NOUVEL AUDITEUR.

La neige continua de tomber abondamment le lendemain ; mais ce qu'elle devint ensuite, il m'est impossible de l'imaginer. Toujours est-il qu'elle cessa entièrement pendant la nuit ; et le soleil, en se levant, darda des rayons aussi resplendissants sur la pointe blanchie de nos collines de Berkshire qu'en tout autre lieu du monde. Le givre et la glace avaient tellement couvert les vitres des fenêtres, qu'on ne pouvait rien saisir du spectacle de la nature. En attendant le déjeuner, la jeune colonie de Tanglewood avait cependant pratiqué de petites ouvertures avec ses ongles, et elle fut ravie de découvrir que la campagne était aussi blanche qu'un drap. Seulement, çà et là des fragments de rochers, dont la saillie hérissait le dos escarpé de quelques collines, ou la forêt de sapins, dont la teinte sombre se mêlait à l'éclat général, formaient une masse grisâtre.

Quel bonheur! et, pour surcroît de plaisir, il faisait une gelée à couper le bout du nez! Quand on a assez de vie en soi pour supporter cette température, rien ne relève le moral et ne fait circuler le sang dans les veines comme un froid vif et piquant.

Le déjeuner ne fut pas plus tôt fini que la petite société, bien emmitouflée de fourrures, alla s'ébattre dans la neige. Oh! quelle bonne journée! Faire des glissades du haut de la colline dans le fond des vallées; recommencer cent fois cet exercice, peut-être davantage, et qui sait jusqu'à quelle distance? s'égayer de mille façons, renverser les traîneaux, faire des culbutes et dégringoler du haut en bas de la colline au moins aussi souvent qu'on parvenait à la descendre : quelles délices! Une fois Eustache prit avec lui sur son traîneau, sous prétexte de prévenir les accidents, Joli-Bois, Pervenche et Fleur-des-Pois. Les voyez-vous, lancés à toute vitesse?... Mais voilà qu'à moitié chemin le traîneau heurte contre une vieille souche cachée, et précipite au loin ses quatre voyageurs en un tas; ils se relevèrent bien vite, et, une fois sur leurs jambes, ils ne virent plus Fleur-des-Pois! Qu'avait-elle pu devenir? Mais, tandis qu'ils regardaient autour d'eux avec une vive inquiétude, Fleur-des-Pois surgit d'un monceau de neige, la face toute rouge, faisant l'effet d'une grosse fleur écarlate éclose tout à coup en hiver; et tout le monde d'éclater de rire!

Les enfants s'étaient fatigués à force de glissades. Eustache leur donna l'idée de creuser une cave dans l'amas de neige le plus considérable qu'ils pourraient trouver. Par malheur, aussitôt l'excavation terminée, la bande introduite et pressée dans la caverne, patatras! la voûte s'écroule, et tous les enfants sont ensevelis sous l'avalanche! Quelques minutes après, ces petites têtes sortent les unes après les autres de dessous les ruines, dominées par la taille élancée de l'écolier, dont les décombres avaient poudré les cheveux bruns, ce qui lui donnait un air excessivement respectable. Pour punir le cousin Eustache de leur avoir fait pratiquer une caverne croulante, les enfants fondent sur lui en corps d'armée bien serré, et le lapident si fort à coups de pelotes de neige, qu'il est obligé d'avoir recours à ses jambes.

Il prit la fuite, et s'enfonça dans les bois. De là il se rendit au bord de Shadow-Brook, où il put entendre le murmure du ruisseau, coulant sous les glaçons et le givre qui lui interceptaient la lumière du jour, et qui suspendaient autour de ses petites cascades une multitude de cristaux scintillants. Puis il poursuivit sa course tantôt en gambadant, tantôt en flânant, jusqu'aux rives du lac, et resta en contemplation devant une nappe blanche, vierge de tout pas humain, s'étendant depuis l'endroit où il se tenait jusqu'au pied de Monument-Mountain. C'était à

LES
TROIS POMMES D'OR

peu près au moment où le soleil va se coucher. Eustache pensa qu'il n'avait jamais vu de spectacle si pur et si beau. Il se trouvait heureux que les enfants ne l'eussent pas accompagné; car leur pétulance et leur amour de culbutes n'auraient pas manqué de troubler chez lui des idées d'un ordre bien autrement élevé. Il aurait tout bonnement gagné à cela un peu de gaieté (comme il en avait déjà eu depuis le commencement de la journée), et n'aurait pas été témoin intelligent de la beauté d'un coucher de soleil d'hiver au milieu des collines.

Il faisait déjà sombre. Notre ami Eustache revint à la maison pour l'heure du souper. En sortant de table, il se retira dans son *cabinet de travail*, avec le projet, j'en suis sûr, d'écrire une ode, deux ou trois sonnets, ou des strophes quelconques, pour chanter les nuages d'or et de pourpre qu'il avait vus entourant le trône de l'astre du jour. Mais, avant qu'il eût chevillé la première rime, sa porte s'ouvrit et Primerose entra avec Pervenche.

« Enfants, allez-vous-en ! Il ne faut pas me déranger dans ce moment, s'écria l'écolier en les regardant par-dessus son épaule, et la plume à la main. Que pouvez-vous avoir à me demander? Je vous croyais tous couchés !

— Écoute-le donc, Pervenche ! dit Primerose, en essayant de s'exprimer comme une personne sérieuse. Il semble oublier que j'ai maintenant treize ans, et que je veille presque aussi tard que je veux. Mais, mon cousin Eustache, il faut que vous rengaîniez vos grands airs, et que vous veniez avec nous au salon. Les enfants ont tellement causé de vos histoires, que mon père désire en entendre une, pour s'assurer qu'elles ne peuvent faire aucun mal.

— Bah! bah! Primerose, dit l'écolier un tant soit peu piqué, je ne me crois pas capable de raconter une de mes histoires en présence de grandes personnes. Après cela, votre père est un savant, un classique. Ce n'est pas que j'aie peur de son érudition non plus ; car je ne doute point qu'elle ne soit aujourd'hui rouillée comme un vieux couteau renfermé dans sa boîte. Certainement il ne manquera pas de critiquer les admirables folies que j'introduis dans des récits de mon invention à moi, et qui font le charme de ces contes pour des enfants comme vous. Aucun homme de cinquante ans, encore imbu de ses premières lectures sur les mystères des Grecs et des Romains, n'est à même de comprendre mon mérite comme rénovateur du genre.

— Tout cela peut être vrai, dit Primerose, mais il faut que vous veniez! Mon père ne veut pas ouvrir son livre, ni ma mère son piano, que vous ne leur ayez débité quelques-unes de vos folies, comme vous avez l'extrême bon sens de les qualifier. Ainsi donc, soyez sage et venez. »

Quoi qu'il pût dire, l'écolier était plutôt satisfait

que mécontent de cette occasion de prouver à M. Pringle le talent avec lequel il savait moderniser les fables des anciens. Jusqu'à vingt ans, un jeune homme rougira de timidité en exhibant sa prose ou sa poésie; mais il pensera volontiers que ses productions, une fois mises au jour, ne manqueront pas de le placer au sommet de l'Hélicon. Aussi, sans se faire trop tirer l'oreille, Eustache se laissa-t-il entraîner au salon par Primerose et Pervenche.

Figurez-vous une vaste et belle pièce, avec une fenêtre semi-circulaire, dans le cintre de laquelle on voyait une copie en marbre de *l'Ange et l'Enfant* par Greenough[1]. Quelques rayons chargés de livres à reliures sévères, mais riches, étaient fixés à un des côtés du mur, près de la cheminée. La lumière blanche d'une lampe astrale, le reflet rouge et brillant d'un feu de charbon de terre, donnaient à la chambre un aspect animé; devant le foyer, enfoncé dans un large fauteuil, se trouvait M. Pringle, qui semblait fait pour la chambre et le fauteuil où il était alors. Qu'on s'imagine un homme d'une taille élevée, distingué dans ses traits et dans ses

---

1. Horatio Greenough, sculpteur éminent, né à Boston, et mort en 1852 dans les environs de cette ville, après son retour de Florence où il avait fait ses études; auteur de la statue colossale de Washington, placée devant le Capitole, et d'autres compositions qui honorent le génie américain. (*Note du traducteur.*)

manières, le front chauve, et toujours d'une mise tellement irréprochable, qu'Eustache Bright ne se présentait jamais sans s'être arrêté préalablement au seuil de la porte pour redresser son col de chemise. Mais maintenant que Primerose s'était accrochée à l'une de ses mains, et Pervenche à l'autre, il fut forcé d'exécuter son entrée d'un air maladroit et gauche, comme s'il eût été sur le point de trébucher dans un monceau de neige.

M. Pringle se tourna du côté de notre ami avec un visage assez bienveillant, mais qui néanmoins lui fit sentir combien il avait besoin de se peigner et de se brosser, et en même temps de donner un coup de peigne et un coup de brosse à son esprit et à ses idées.

«Eustache, dit M. Pringle en souriant, j'apprends que vous produisez une grande sensation parmi le jeune public de Tanglewood, par votre talent à raconter des histoires. Primerose que voici, comme ces petits bonshommes l'appellent, ne tarit pas, non plus que les autres enfants, sur la beauté de vos contes; tellement que mistress Pringle et moi nous sommes curieux d'en avoir un échantillon. Je prendrais d'autant plus de plaisir à vous entendre, qu'il paraît que vous essayez dans vos récits de revêtir les fables classiques de l'antiquité d'une forme empruntée au style capricieux et sentimental de l'idiome moderne. C'est au moins ce que j'ai cru entrevoir par quelques incidents qui me sont venus indirectement aux oreilles.

— Vous n'êtes pas, monsieur, l'auditeur que j'aurais précisément choisi pour écouter de pareilles fantaisies, répondit Eustache.

— C'est possible. Je crois cependant que, si un jeune auteur veut, d'une manière profitable, donner lecture de ses premiers ouvrages à quelqu'un, c'est à un critique qu'il doit s'adresser avant tout. Je vous en prie donc, ayez l'obligeance de nous initier à vos compositions.

— Il me semble que la bienveillance doit avoir une petite part dans la critique, murmura Eustache Bright. Cependant, monsieur, trouvez de la patience pour m'écouter, et moi je trouverai des histoires à raconter. Mais soyez assez bon pour vous souvenir que je m'adresse à l'imagination sympathique des enfants, et non pas à la vôtre. »

En conséquence, l'écolier s'attacha au premier sujet qui se présenta à son esprit. Ce sujet lui fut suggéré par une assiette de pommes qu'il aperçut par hasard sur la cheminée.

LES
TROIS POMMES D'OR.

Avez-vous jamais entendu parler des pommes d'or qui poussaient dans le jardin des Hespérides? Ah! ce sont des pommes qui se vendraient bien cher le boisseau, si l'on pouvait en trouver aujourd'hui de pareilles dans nos vergers. Mais il n'existe pas, sur la terre entière, un seul arbre où l'on puisse prendre une seule greffe de ce fruit merveilleux, et l'on ne pourrait se procurer un seul pepin de ces précieuses pommes.

Même à une époque qui est déjà bien ancienne, avant que le jardin des Hespérides fût envahi par les ronces, beaucoup de gens doutaient qu'il pût y exister de vrais arbres aux branches desquels fussent attachés des fruits d'or. Tout le monde le savait par ouï-dire, mais personne n'avait souvenance d'en avoir jamais vu. Les enfants, néanmoins, étaient habitués à écouter, bouche béante, les récits qu'on faisait de ce pommier extraordinaire, et prenaient la résolution d'aller à sa découverte aussitôt qu'ils seraient grands. Maints jeunes gens aventureux, et désirant faire une action d'éclat qui les rendît célèbres, se mirent en route, à la recherche de la merveille ; mais on ne les revit jamais, et aucun d'eux ne rapporta une seule de ces pommes d'or. Il ne faut pas s'en étonner : on dit que l'arbre était gardé par un dragon à cent têtes, dont cinquante étaient toujours au guet, pendant que les autres sommeillaient.

Suivant moi, une pomme d'or ne valait pas la peine que l'on affrontât de si grands dangers. Si ces pommes avaient été douces, tendres, savoureuses, c'eût été une autre affaire. Il y aurait eu quelque bon sens à en tenter la conquête, malgré le dragon à cent têtes.

Comme je vous l'ai déjà fait remarquer, il n'était pas rare de voir des jeunes gens, ennuyés chez eux de trop de calme et de repos, aller à la découverte du jardin des Hespérides. Une fois, l'aventure fut entreprise par un héros qui n'avait jamais eu de tranquillité depuis le jour de sa naissance. A l'époque dont nous parlons, il errait en Italie avec une énorme massue à la main, un arc et un carquois sur les épaules. Il était revêtu d'une peau de lion

Pouvez-vous m'indiquer le jardin des Hespérides? (*Les trois pommes d'or.*)

(le lion le plus gros et le plus féroce qui eût jamais existé, et qu'il avait tué lui-même). Bien qu'il eût un air doux et bienveillant, il y avait dans son cœur une fierté et une force surnaturelles. En parcourant sa route, il s'enquérait continuellement de la situation du fameux jardin. Nul ne pouvait lui donner de renseignements, et bien des personnes auraient été assez disposées à rire d'une telle question, si l'étranger n'avait pas eu un aussi gros bâton, c'est-à-dire une massue.

Il allait toujours s'informant du chemin qu'il fallait suivre, quand il arriva sur le bord d'une rivière où étaient assises de belles jeunes filles occupées à tresser des couronnes de fleurs, et auxquelles il adressa la parole en ces termes :

« Pouvez-vous m'indiquer, s'il vous plaît, le chemin qui conduit au jardin des Hespérides ? »

Ces jeunes filles avaient déjà passé un certain temps à faire des guirlandes et à s'en orner mutuellement la tête. Il y avait dans leurs doigts une sorte de délicatesse magique qui ajoutait aux fleurs une fraîcheur délicieuse, des nuances plus brillantes et des parfums plus pénétrants. Mais, à la question du voyageur, elles laissèrent tomber toutes leurs fleurs sur le gazon, et le contemplèrent avec étonnement.

« Le jardin des Hespérides ! s'écria l'une d'elles. Nous croyions que les mortels s'étaient lassés de le chercher, après avoir éprouvé tant de désappointements à cet égard. Mais, aventureux voyageur, dans quel but voulez-vous y aller ?

— Un certain roi, mon cousin, m'a donné l'ordre de lui procurer trois pommes d'or.

— La plupart de ceux qui vont à la recherche de ces pommes, dit une autre beauté, désirent les obtenir pour eux-mêmes ou pour les offrir en présent à l'objet de leur amour. Avez-vous donc pour ce roi, votre cousin, une affection si vive ?

— Hélas ! répondit-il avec un soupir, il a souvent été sévère et cruel envers moi ; mais il est dans ma destinée de lui obéir.

— Et savez-vous, demanda celle qui avait parlé la première, qu'un terrible dragon à cent têtes monte continuellement la garde sous le pommier aux fruits d'or ?

— Oui, je le sais, répliqua-t-il avec calme. Mais depuis mon enfance j'ai eu continuellement affaire aux serpents et aux dragons. »

Les jeunes filles jetèrent un regard sur la peau de lion qui l'entourait, sur sa figure et ses membres tout empreints d'héroïsme ; puis elles se dirent tout bas que l'étranger paraissait bien capable d'accomplir des exploits beaucoup plus éclatants que le reste des humains. Oui ; mais le dragon aux cent têtes ! Quel mortel, eût-il cent existences, serait assez fort pour échapper aux terribles étreintes d'un pareil monstre? Elles avaient le cœur si tendre, qu'elles frémissaient à l'idée de voir ce beau jeune homme si généreux s'exposer à de tels dangers, et se dévouer au supplice certain de servir de pâture aux cent gueules voraces du dragon.

« Retournez sur vos pas, s'écrièrent-elles; retournez dans votre patrie! Si vous revenez sain et sauf, votre mère versera des larmes de joie. En ferait-elle davantage après un si grand triomphe? Qu'importent les pommes d'or? Qu'importe ce roi, votre cruel cousin? Nous, nous ne voulons pas que vous soyez dévoré par le dragon aux cent têtes! »

Mais il semblait écouter avec impatience leurs bienveillants avis. Il leva, sans y faire attention, sa puissante massue, et la laissa retomber à ses pieds sur un rocher à demi enseveli dans la terre. Ébranlé par ce coup donné avec insouciance, le rocher fut réduit en poussière. Il n'en coûta pas à l'étranger plus d'effort pour exécuter cet acte de géant, qu'il n'en fallait à l'une des jeunes filles pour effleurer d'une rose le satin des joues de sa compagne.

« Ne pensez-vous pas, dit-il, qu'un tel choc aurait écrasé une des cent têtes du dragon? »

Puis il s'assit sur le gazon, et leur raconta l'histoire de sa vie, depuis le jour où il s'était vu bercer dans le bouclier d'airain d'un guerrier. Un matin qu'il y reposait, deux immenses serpents se glissèrent à ses côtés, et ouvrirent leurs hideuses mâchoires pour l'avaler. Lui, nourrisson de quelques mois, avait pressé les reptiles chacun dans une de ses petites mains et les avait étranglés tous les deux. A peine adolescent, il avait tué un lion presque aussi gros que celui dont il portait la peau. Il avait ensuite livré bataille à un horrible monstre nommé l'hydre de Lerne, qui avait au moins neuf têtes, avec autant de gueules toutes remplies de dents excessivement aiguës.

« Mais le dragon des Hespérides a cent têtes, s'écria l'une des jeunes filles.

— Peu m'importe, répliqua le héros; j'aimerais autant combattre deux de ces dragons qu'une seule hydre : car, malgré ma promptitude, aussitôt que j'avais coupé l'une de ses neuf têtes, elle était remplacée par deux autres. En outre, il y en avait une à laquelle on ne pouvait parvenir à donner la mort, et qui continuait à mordre avec le même acharnement, longtemps après avoir été tranchée. Aussi fus-je forcé de l'enterrer sous une pierre, où elle est encore en vie à l'heure où nous parlons. Quant à l'hydre elle-même et à ses huit autres têtes, elles ne feront plus jamais aucun mal. »

Le cercle gracieux qui l'écoutait, sentant que l'histoire devait probablement se prolonger, avait préparé une collation de pain et de grappes de raisin, afin que le narrateur pût se rafraîchir dans les intervalles de ses récits. Elles prenaient plaisir à lui servir ce simple repas; de temps en temps, l'une d'elles portait à ses lèvres de pourpre une grappe parfumée, de peur qu'il n'eût honte de manger tout seul.

Le hardi voyageur poursuivit, en leur disant qu'il avait chassé un cerf d'une légèreté extraordinaire, pendant toute une année, sans s'arrêter un instant; qu'enfin, l'ayant saisi par les cornes, il avait pu le prendre vivant. Plus tard, après une série de combats livrés à un peuple d'une race très-ancienne, moitié hommes et moitié chevaux, il avait réussi à l'exterminer tout entière; mû, en cette circonstance, par le sentiment d'un devoir à remplir, il avait voulu délivrer le monde de cette ignoble race; il finit par se vanter avec orgueil d'avoir balayé une écurie.

« Est-ce là une action bien glorieuse? interrompit une des jeunes filles en laissant percer un sourire. Le moindre paysan en fait autant chaque jour dans nos campagnes.

— S'il se fût agi d'un travail ordinaire, répliqua-t-il, je n'en aurais pas parlé. Mais c'était une tâche si gigantesque, que j'y aurais passé mon existence, sans l'idée qui me fut inspirée de détourner le cours d'une rivière et de l'obliger à traverser l'écurie, ce qui termina l'affaire en un clin d'œil. »

S'apercevant de l'intérêt qu'il venait d'exciter, il raconta encore comment il avait tué, à coups de flèches, de monstrueux oiseaux ; comment il avait abattu et rendu à la liberté un taureau sauvage, dompté un grand nombre de chevaux pris dans les bois, et vaincu Hippolyte, la reine guerrière des Amazones. Il ajouta qu'ayant enlevé à cette princesse sa ceinture enchantée, il l'avait offerte en présent, à la fille du roi, son cousin.

« Était-ce la ceinture de Vénus, demanda la plus jolie du groupe, cette ceinture qui donne la beauté à celle qui la possède ?

— Non, répondit-il. Elle avait autrefois servi de ceinturon à Mars, et ne peut qu'inspirer à celui qui la porte le courage et l'intrépidité.

— Un vieux ceinturon ! s'écria la dédaigneuse en secouant la tête. Je ne tiendrais pas à le posséder.

— Vous avez raison, » dit l'inconnu.

Tout en continuant ses récits, il parla d'une aventure des plus surprenantes, qui lui était arrivée dans sa lutte corps à corps avec Géryon, l'homme aux six jambes, qui était un monstre effrayant et bizarre. Quiconque eût suivi la trace de ses pas imprimés dans le sable ou dans la neige eût supposé que c'étaient les pas de trois compagnons de voyage. Au bruit de son approche, il eût paru naturel d'affirmer que c'étaient plusieurs personnes marchant ensemble. Et c'était tout simplement

Géryon, l'homme aux six jambes, qui cheminait tout seul.

Six jambes et un corps gigantesque! Oh! mon Dieu, quel monstre étrange cela devait être, et surtout quelle consommation de chaussures!

L'étranger, ayant terminé l'énumération de ses exploits, regarda son auditoire attentif.

« Peut-être avez-vous quelquefois entendu parler de moi? ajouta-t-il avec modestie. Je m'appelle Hercule!

— Nous l'avions deviné, s'écria d'une seule voix l'élégante assemblée, car votre réputation est répandue dans le monde entier. Nous ne nous étonnons plus maintenant que vous entrepreniez d'aller à la recherche du jardin des Hespérides. Venez, mes sœurs, et déposons nos couronnes sur la tête du héros. »

Elles couvrirent de guirlandes ce front majestueux et ces puissantes épaules, de manière que sa peau de lion disparut entièrement. Elles s'emparèrent de sa pesante massue, et l'entourèrent des plantes les plus rares et les plus parfumées, jusqu'à cacher complétement l'écorce de l'arme gigantesque. C'était comme une immense pyramide de fleurs. Puis elles se prirent par la main et dansèrent en rond autour de lui, chantant des mots dont l'ensemble prit un rhythme poétique, et forma un chœur harmonieux en l'honneur du glorieux Hercule.

Celui-ci sentit son cœur rempli de joie, comme il serait arrivé à tout homme célèbre, en voyant que des femmes charmantes n'ignoraient pas les hauts faits qu'il avait accomplis au prix de tant de travaux et de périls. Mais il avait encore de l'ambition : il ne pouvait s'imaginer que ce qu'il avait déjà exécuté fût digne de si grands hommages, quand il restait à entreprendre bien d'autres expéditions hardies ou difficiles.

« Aimables beautés, ajouta-t-il au moment où il les vit reprendre haleine, maintenant que vous savez mon nom, serez-vous assez obligeantes pour me dire comment je puis parvenir au jardin des Hespérides ?

— Voulez-vous donc partir sitôt ? s'écrièrent-elles ; vous qui vous êtes illustré par de si grandes actions, vous qui avez traversé une vie si laborieuse ! Ne consentirez-vous pas à jouir d'un peu de repos, sur les bords paisibles de cette rivière ? »

Hercule secoua la tête.

« Il faut que je parte, reprit-il.

— Dans ce cas, nous allons vous donner les renseignements que vous désirez. Il faut aller jusqu'au bord de la mer, découvrir le Vieillard, et le forcer à vous enseigner où l'on peut trouver les pommes d'or.

— Le Vieillard ! répéta Hercule en souriant ; de qui parlez-vous donc ?

— Du Vieux de la mer, vous savez bien? répondit une des voix les plus douces. Il est père de cinquante filles qui passent pour belles; mais nous ne pensons pas qu'il soit bon que vous fassiez leur connaissance, parce qu'elles ont des cheveux verts comme les flots, et une espèce de queue de poisson. Il faut que vous parliez au Vieux de la mer. C'est un homme familiarisé avec toutes les affaires de l'Océan, et qui peut vous dire tout ce qui regarde les Hespérides; car leur jardin est situé dans une île qu'il a l'habitude de fréquenter. »

Hercule leur demanda par quels moyens il arriverait près du Vieillard. Quand ses gracieuses conseillères lui eurent fourni les renseignements dont il avait besoin, il les remercia de leur complaisance, des fleurs, du pain et des raisins qu'elles lui avaient prodigués, ainsi que des danses et des chants dont elles l'avaient honoré; il leur exprima surtout sa reconnaissance pour lui avoir indiqué son chemin, et il se remit immédiatement en marche.

Cependant, il n'était pas encore hors de la portée de la voix, qu'une des jeunes filles le rappela.

« Tenez le Vieux bien ferme quand vous vous serez emparé de sa personne ! cria-t-elle en souriant et en levant le doigt pour rendre sa recommandation plus expressive. Ne vous étonnez de rien. Seulement tenez-le bien, et il vous révélera tout ce que vous voulez savoir. »

Le héros la remercia de nouveau, et poursuivit sa route pendant que les jeunes filles se remettaient à leur travail. Il fut pour elles un sujet de conversation longtemps encore après son départ.

« Nous allons préparer les guirlandes les plus brillantes, disaient-elles, pour le couronner à son retour, quand il aura conquis les trois pommes d'or et abattu le dragon aux cent têtes. »

Pendant ce temps-là, Hercule marchait sans relâche, par monts et par vaux, et à travers les forêts les plus solitaires. Parfois il lui arrivait de brandir sa massue et de fendre un chêne centenaire d'un seul coup. Son esprit était si plein de géants et de monstres fatalement condamnés à être combattus par lui, que peut-être prenait-il ce chêne pour un monstre ou pour un géant. Il était si pressé de parvenir au terme de son voyage, qu'il commença à regretter d'avoir passé de longues heures au milieu d'un cercle de jeunes filles, perdant de précieux instants à raconter ses aventures. Mais il en est toujours ainsi des personnes destinées à accomplir de grandes choses. Ce qu'elles ont déjà exécuté est moins que rien à leurs yeux ; la dernière entreprise leur paraît toujours la seule qui mérite leurs efforts et le sacrifice même de leur vie.

Si on l'avait aperçu traversant les bois, on eût été épouvanté des coups dont il renversait les arbres. D'un seul tour de bras il en broyait le tronc comme

Il avait les jambes et les bras recouverts d'écailles. (*Les trois pommes d'or.*)

aurait fait la foudre, et faisait craquer les branches, qu'il éparpillait sur le sol.

Hâtant de plus en plus sa marche, sans se reposer une seule minute et sans se retourner, il finit par entendre à quelque distance le mugissement de la mer. A ce bruit il redoubla de vitesse, et arriva bientôt à une plage où de grandes vagues, se précipitant les unes sur les autres, venaient rouler sur le sable en une longue bande d'écume aussi blanche que la neige. A l'une des extrémités de la baie se trouvait un petit espace d'un charme particulier, d'où certaines plantes s'élançaient sur une falaise qu'elles semblaient revêtir d'un manteau splendide. Un tapis de verdure émaillé de trèfle aromatique s'étendait du pied de la falaise au lit de la mer. Était-ce là, entre nous, qu'Hercule devait s'attendre à trouver un vieillard endormi?

Mais d'abord, était-ce bien un vieillard? Au premier coup d'œil il en avait toute l'apparence; et pourtant, après avoir regardé de plus près, on croyait voir l'une de ces créatures habituées à vivre au fond de la mer. En effet, il avait les jambes et les bras recouverts d'écailles de poisson; ses mains et ses pieds étaient palmés comme les pattes du canard; sa longue barbe, d'une teinte verdâtre, avait plutôt la forme d'une touffe d'algues marines que d'une barbe ordinaire. Avez-vous vu quelquefois un morceau de bois longtemps ballotté par les vagues, tout garni d'une sorte de mousse aquatique? lorsqu'il est amené sur le sable, vous diriez qu'il vient d'être rejeté du plus profond de la mer. Eh bien, ce vieil habitant de l'empire humide vous aurait rappelé exactement le bâton livré pendant longtemps aux caprices des flots! Mais Hercule, aussitôt qu'il eut vu cette forme étrange, jugea que ce ne pouvait être que le vieillard de qui il allait apprendre son chemin.

En effet, c'était bien le Vieux de la mer annoncé par les jeunes filles. Remerciant les astres protecteurs de le lui avoir fait découvrir pendant son sommeil, Hercule se glissa vers lui sur la pointe des pieds, et le saisit par le bras et par la jambe.

« Dis-moi, cria-t-il avant que le Vieux fût complétement éveillé, quel est le chemin du jardin des Hespérides ? »

Comme vous pouvez facilement vous l'imaginer, le Vieux de la mer se releva en sursaut. Mais sa surprise put à peine égaler celle d'Hercule, lorsque le Vieillard voulant échapper à l'étreinte vigoureuse qui le retenait, Hercule se trouva serrer dans ses mains le pied de derrière et le pied de devant d'un cerf magnifique. Il tint bon, le cerf disparut; à sa place était un oiseau de mer, se débattant et criant, l'aile et la patte fortement enchaînés. L'oiseau ne put pas davantage recouvrer la liberté, et se transforma en un horrible chien à trois têtes, qui se mit à grogner et à aboyer, en cherchant à déchirer les mains d'Hercule. Celui-ci ne le lâcha pas, et l'instant d'après, au lieu d'un chien à trois têtes, apparut Géryon, homme aux six jambes, lançant des ruades des cinq jambes qu'il avait libres, afin de dégager la sixième! Mais le valeureux lutteur ne cédait toujours point. Peu à peu Géryon disparut, et fut remplacé par un énorme serpent, semblable à ceux que le noble enfant avait étranglés dans son berceau; seulement c'était un serpent cent fois plus gros : il se tordait, s'enroulait autour du corps et du cou du héros, fouettait l'air de sa queue, et ouvrait une mâchoire épouvantable, comme pour l'avaler d'une seule bouchée. C'était vraiment un spectacle effrayant! Mais Hercule ne se découragea pas une seconde, et serra si fortement le serpent entre ses doigts, que le monstre se mit à siffler de douleur.

Vous avez dû comprendre que le Vieux de la mer, malgré sa ressemblance avec la figure que les proues de navires offrent à l'écume jaillissante qu'ils sillonnent, avait la puissance de prendre la forme qu'il voulait. Au moment où il se trouva si rudement terrassé par Hercule, il avait compté sur la surprise et l'horreur que devaient lui inspirer ces métamorphoses successives, pour échapper à l'étreinte du héros. Si Hercule avait fléchi un instant, le Vieux en aurait certainement profité pour plonger dans la mer, d'où il ne se serait pas donné la peine de remonter pour répondre aux questions d'un étranger. Quatre-vingt-dix-neuf personnes sur cent auraient eu la tête bouleversée à la première de ces horribles métamorphoses, et auraient pris leurs jambes à leur cou sans hésiter : car une des difficultés les plus grandes de ce monde, c'est de distinguer les dangers réels des dangers imaginaires.

Comme Hercule serrait toujours avec une ténacité invincible, et ne faisait qu'étreindre le monstre plus vigoureusement à mesure qu'il changeait d'aspect, en lui infligeant des tortures de plus en plus douloureuses, il le vit enfin reparaître sous sa forme naturelle. Le voilà donc reprenant ses nageoires, ses écailles, ses pieds palmés, et sa barbe touffue d'herbes marines.

« Que me veux-tu? s'écria-t-il aussitôt qu'il eut repris haleine; car c'est une chose assez fatigante que de passer par de si nombreuses transformations. Pourquoi me serres-tu si fort? Lâche-moi tout de suite, ou je te prendrai pour une personne extrêmement mal élevée.

— Sache donc que mon nom est Hercule! répliqua le génie de la force en faisant retentir le rivage de sa voix formidable; et songe que tu ne sortiras de ces mains qui te tenaillent qu'après m'avoir dit quel est le chemin le plus court pour aller au jardin des Hespérides! »

A ces mots prononcés par celui même qui le maîtrisait, le vieux monstre vit, en ouvrant la moitié d'un œil, qu'il était indispensable de répondre catégoriquement. Le Vieux était un habitant de la mer, vous devez vous en souvenir, qui errait sans cesse, comme les autres habitants de l'élément liquide. Il n'avait pas manqué d'entendre parler d'Hercule, et des merveilleuses actions qu'il ne cessait d'accomplir dans les différentes parties de la terre. Il savait en outre qu'il était déterminé à exécuter tout ce qu'il entreprenait. Aussi ne fit-il plus de tentative pour s'échapper, et s'empressa-t-il de révéler à ce triomphateur universel le chemin du jardin des Hespérides, en l'avertissant des nombreux obstacles qu'il aurait à surmonter avant d'y parvenir.

« Il faut, dit le Vieux de la mer, après avoir examiné tous les points de l'horizon, suivre telle route jusqu'à ce que vous arriviez en vue d'un énorme géant qui soutient le ciel sur ses épaules. S'il est par hasard de bonne humeur, ce géant vous apprendra la situation exacte du jardin que vous cherchez.

— Mais s'il n'est pas de bonne humeur, fit observer Hercule, en tenant sa massue en équilibre sur le bout de son doigt, peut-être y aura-t-il moyen de le faire changer d'idée. »

Après mille remercîments au Vieux de la mer,

et mille excuses pour l'avoir passablement rudoyé, le héros se remit en route; il lui survint un grand nombre d'aventures plus étranges les unes que les autres, qui mériteraient votre attention, si j'avais le loisir de vous les rapporter avec autant de détails qu'il le faudrait.

Ce fut dans ce trajet, si je ne me trompe, qu'il rencontra un autre géant doué par la nature de la singulière puissance de décupler sa force toutes les fois que son corps touchait la terre. Il s'appelait Antée. Vous devez voir assez clairement que ce n'était pas une petite tâche que d'attaquer un pareil drôle; car, à chaque croc-en-jambe qu'il recevait, il se relevait dix fois plus robuste et dix fois plus capable d'user de sa vigueur que si son ennemi l'eût laissé tranquille. Plus Hercule lui assénait de coups de massue, plus il paraissait lui-même perdre de chances dans la lutte. J'ai souvent controversé avec des gens pareils, mais jamais combattu. Il ne restait plus à son adversaire qu'un seul moyen; il l'employa : ce fut de soulever Antée et de le serrer dans ses bras jusqu'à lui faire rendre le dernier soupir.

Après cette rude épreuve, Hercule continua sa course et débarqua en Égypte, où il fut fait prisonnier. Il aurait été mis à mort s'il n'avait tué le roi et brisé ses fers. Ayant franchi les déserts de l'Afrique et marché aussi rapidement que possible, il parvint enfin aux rives du grand Océan; et là, à moins de poursuivre sa route sur la crête des vagues, il semblait qu'il eût atteint le terme de son voyage.

Devant lui, rien que le tumulte et l'immensité des ondes. Tout à coup, en tournant les yeux vers l'horizon, il aperçut, à une grande distance, un objet qui ne l'avait pas frappé quelques instants auparavant. Cet objet répandait un éclat presque égal à celui du soleil au moment où il se lève. Il semblait s'approcher de plus en plus ; car à chaque minute il apparaissait plus lumineux. Bientôt il fut si près, qu'Hercule reconnut distinctement que c'était une coupe immense d'or ou de cuivre bruni. Comment cette coupe flottait-elle sur la mer ?... Je ne saurais trop vous le dire. En tout cas, elle était là, roulant sur les flots tumultueux, ballottée dans tous les sens, battue par des montagnes d'écume, mais sans jamais disparaître.

« J'ai vu bien des géants dans ma vie, pensa Hercule, mais aucun qui eût l'idée de boire son vin dans une coupe de pareille dimension ! »

Et certes, pour une coupe, elle eût été bien vaste, si vaste que je suis vraiment effrayé des proportions que j'ai à vous dire. Bref, pour ne pas exagérer, elle était dix fois plus large qu'une grande roue de moulin ; et, bien que toute en métal, elle flottait sur les vagues écumantes plus légèrement que la cupule d'un gland sur l'onde paisible d'un ruisseau. En voguant elle vint effleurer le rivage, à peu de distance de l'endroit où Hercule était alors.

Il comprit immédiatement ce qu'il avait à faire, car il n'avait pas traversé tant d'événements remarquables sans apprendre à se conduire dans toutes les circonstances, même en dehors de la règle commune. Il était clair comme le jour que cette coupe merveilleuse avait été jetée sur les flots par une puissance invisible, et poussée dans cette direction pour le transporter au jardin des Hespérides. En conséquence, sans perdre un instant, il enjamba les bords de la coupe et se laissa glisser au fond, où, étendant sa peau de lion, il se disposa à prendre un peu de repos : il en avait à peine eu le temps depuis qu'il avait adressé ses adieux aux jeunes filles. Les vagues battaient les flancs de ce nouvel esquif, dont elles tiraient des sons agréables. Elles le berçaient si doucement que notre héros, cédant à cette douce influence, ne tarda pas à s'endormir profondément.

Il est probable qu'il dormait depuis longtemps, lorsque la coupe se heurta aux flancs d'un rocher, ce qui la fit résonner avec cent fois plus de bruit que n'en fit jamais la plus grosse cloche d'église. Hercule, aussitôt réveillé, se mit à regarder autour de lui pour savoir où il se trouvait. Il reconnut bientôt que la coupe avait fait une longue navigation et était près d'aborder à une terre qu'il jugea devoir être une île. Et sur cette île, devinez ce qu'il y avait.

Je vous le donne en cinquante mille et vous ne le devinerez pas. Jamais notre voyageur n'avait contemplé rien d'aussi extraordinaire dans ses expéditions aventureuses, quelles que fussent les merveilles qu'elles lui avaient offertes. C'était encore plus prodigieux que l'hydre aux têtes renaissantes, plus étonnant que l'homme aux six jambes, plus fort qu'Antée, plus incroyable que tout ce qui fut jamais vu par personne et que tout ce qui reste à voir aux explorateurs. C'était un géant !

Mais quel immense géant ! aussi haut qu'une montagne, et si énorme, que les nuages lui faisaient une ceinture, formaient autour de son menton une barbe vaporeuse, et, flottant devant ses larges paupières, l'empêchaient de voir Hercule. Mais ce n'est pas ce qu'il y a de plus incroyable, c'est qu'il dressait en l'air ses deux mains immenses, et qu'Hercule put distinguer, à travers les nuages, que le ciel reposait sur sa tête. Ceci est vraiment trop fort pour notre intelligence.

Cependant la coupe flottait toujours et s'approchait de la terre. La brise vint justement alors dissiper les nuages qui voilaient la figure du géant, et notre héros put contempler ses traits. Des yeux aussi larges que le lac de la vallée, un nez et une bouche de plus d'une demi-lieue de longueur ; c'était une apparition à vous remplir d'épouvante : mais l'abattement et la fatigue se peignaient sur ce vaste visage, comme de nos jours sur la figure de certaines gens qui succombent sous le poids écrasant des affaires. Le ciel était à cet immense géant ce que les soucis de la terre sont à ceux qui s'en laissent surcharger : car, toutes les fois que les hommes font des entreprises au-dessus de leurs forces, ils doivent s'attendre précisément au sort de cet infortuné.

Pauvre géant! Il y avait sans doute bien des années qu'il était dans cette situation. Une antique forêt avait eu le temps de croître et de se détruire depuis lors. Des chênes de six ou sept cents ans s'étaient reproduits de graine, et s'étaient frayé un passage entre les doigts de ses pieds.

Il abaissa ses regards des hauteurs où il était placé, et, apercevant Hercule, fit éclater une voix retentissante, qu'on eût prise pour le bruit du tonnerre éclatant au sein des nuages dont sa tête était couronnée.

« Qui es-tu, là-bas, toi que je vois à mes pieds ? D'où viens-tu avec cette petite coupe ?

— Je suis Hercule ! répondit le héros d'une voix vibrante, et je cherche le jardin des Hespérides !

— Oh ! oh ! oh ! mugit le géant, en poussant un immense éclat de rire. Voici, ma foi ! une aventure qu'il est sage de tenter !

— Et pourquoi pas ? s'écria Hercule d'un ton pi-

Je suis Hercule! (*Les trois pommes d'or.*)

qué. Penses-tu que j'aie peur du dragon aux cent têtes ?. »

Au même instant, des nuages noirs s'amoncellent autour de la ceinture du géant, et déchaînent une bourrasque épouvantable, mêlée de tonnerre et d'éclairs, dont le fracas empêche Hercule d'entendre la réponse du géant. On ne voyait plus, au milieu de l'obscurité, que les jambes démesurées du colosse, et seulement par intervalles quelques lignes de son corps revêtu d'un manteau de brouillards. Il semblait parler sans interruption ; mais sa voix rude et caverneuse se confondait avec les éclats de la foudre, et se perdait comme eux en roulant sur le sommet des montagnes. Ainsi, en parlant hors de propos, l'insensé dépensait vainement une force incalculable, et la voix de la tempête était tout aussi intelligible que la sienne.

L'ouragan se dissipa aussi soudainement qu'il s'était formé, et l'on revit de nouveau le ciel bleu, les bras qui le soutenaient, les rayons du soleil inondant les vastes épaules du géant, qui se découpaient sur un fond sombre et orageux. Sa tête se dressait tellement au-dessus des nuages, que pas une goutte d'eau n'avait humecté sa chevelure.

A la vue d'Hercule toujours debout sur le rivage, il lui cria de nouveau :

« Et moi, je suis Atlas, le plus grand géant du

monde! C'est moi qui soutiens le ciel sur ma tête.

— Je le vois bien, répondit Hercule ; mais pouvez-vous m'enseigner la route qui mène au jardin des Hespérides?

— Que voulez-vous y faire?

— Je veux y cueillir trois pommes d'or pour le roi mon cousin.

— Il n'y a que moi qui puisse aller au jardin des Hespérides et cueillir les pommes d'or. Si ce n'était cette petite besogne de supporter le ciel, je ferais une demi-douzaine d'enjambées à travers la mer, et je vous les procurerais.

— Vous êtes bien bon et je vous remercie ; mais ne pouvez-vous pas déposer votre fardeau sur une montagne?

— Aucune d'elles n'est assez élevée, dit Atlas en secouant la tête ; mais, en vous tenant sur le sommet de celle qui est la plus voisine de moi, votre front serait à peu près de niveau avec le mien. Vous me faites l'effet d'un gaillard passablement robuste, et que diriez-vous si je vous proposais de prendre ce fardeau sur vos épaules, pendant que j'irais faire votre commission? »

Hercule, ainsi que vous vous le rappelez, était un homme d'une force extraordinaire; et, si l'on pouvait rencontrer quelque mortel capable d'un tel effort, assurément c'était lui. Néanmoins cette œuvre lui sembla si difficile, qu'il hésita pour la première fois de sa vie.

« Le ciel est-il bien lourd? demanda-t-il.

— Pas trop, dans le commencement, répondit Atlas en faisant un petit mouvement d'épaules; mais, après un millier d'années, c'est un poids assez considérable.

— Et combien de temps vous faut-il pour aller chercher les pommes d'or?

— Oh! quelques moments : je ferai des pas de trois ou quatre cents lieues ; l'aller et le retour me prendront moins de temps qu'il n'en faudra pour que vos épaules se fatiguent.

— Dans ce cas, répondit Hercule, je vais gravir la montagne qui est derrière vous, et vous soulager un peu. »

Notre héros avait naturellement un grand cœur, et considérait qu'il allait rendre service au géant, en lui procurant l'occasion d'une petite promenade. En outre, il pensait qu'il augmenterait encore sa renommée, s'il pouvait ajouter à ses fameux exploits celui d'avoir soutenu le monde, ce qui était encore plus glorieux que de vaincre simplement un dragon à cent têtes. Et, sans plus attendre, le ciel fut enlevé des épaules du géant pour passer sur les siennes.

Le premier mouvement d'Atlas fut de se détirer les membres. Il arracha lentement ses pieds, l'un après l'autre, de la forêt qui avait poussé autour d'eux. Puis il se mit à gambader, à sauter de joie, en se voyant en liberté ; bondissant à une hauteur prodigieuse et retombant sur le sol en causant à la terre une secousse effroyable, tandis que l'écho répétait au loin ses cris joyeux et ses rires qui retentissaient comme les éclats du tonnerre. Après avoir donné un libre cours à sa gaieté, il s'avança dans la mer. Quatre lieues, au premier pas, le mirent dans l'eau jusqu'à mi-jambe ; quatre, au deuxième, l'y enfoncèrent à peu près au-dessous du genou ; et quatre lieues plus loin, il en avait presque jusqu'à la ceinture. Il se trouvait alors au plus profond de l'Océan.

Hercule suivait de l'œil la marche de son messager. Rien n'était plus merveilleux à voir que cette forme humaine, à plus de douze lieues de distance, à moitié plongée dans l'eau, et encore aussi grande, aussi vaporeuse et aussi bleue qu'une montagne à l'horizon. Enfin, le colosse disparut entièrement. Notre héros commença dès lors à s'inquiéter ; car si le géant allait se noyer, ou s'il lui advenait d'être piqué mortellement par le dragon aux cent têtes, gardien des pommes d'or du jardin des Hespérides, comment pourrait-il jamais se débarrasser du ciel ?... Tandis qu'il se livrait à ces réflexions, le fardeau s'appesantissait sur ses épaules.

« J'ai pitié de ce malheureux, pensait-il. Si je

me sens accablé au bout de dix minutes, dans quel état doit-il être, lui qui soutient le ciel depuis des milliers d'années? »

Chers enfants, vous ne pouvez pas vous faire une idée du poids de ce ciel d'azur qui semble si léger au-dessus de nous; sans compter les tempêtes, et les ardeurs du soleil, et les nuages tantôt humides, tantôt glacés, qui se succèdent tour à tour. Croyez-vous qu'Hercule était à son aise? Il craignait de plus en plus que le géant ne revînt pas. Il dirigea un regard attentif sur le monde, et s'avoua en lui-même qu'il valait beaucoup mieux pour son propre bonheur être un modeste berger, au pied d'une montagne, que de rester debout sur la cime et d'y supporter le firmament et son immensité. Vous comprendrez, en effet, que le robuste délégué d'Atlas avait assumé sur sa tête et sur ses épaules une responsabilité proportionnée à la pesanteur de son fardeau. Qu'arriverait-il, s'il n'observait pas une complète immobilité? S'il ne tenait pas le ciel en parfait équilibre, le soleil se trouverait peut-être dérangé de la place qu'il occupe; bon nombre de constellations pourraient perdre leur centre de gravité, et s'échapper en pluie de feu sur la tête des humains. Hélas! quelle honte pour lui si, par sa maladresse, le ciel se mettait à craquer et à montrer une large fissure!

J'ignore combien de temps s'écoula depuis l'heure où il avait pris la place du géant jusqu'à celle où il aperçut enfin l'immense figure d'Atlas qui s'avançait comme un nuage glissant à l'horizon. En approchant, le colosse étendit la main, dans laquelle Hercule put distinguer trois magnifiques pommes d'or, aussi grosses que des citrouilles, et toutes trois attachées à la branche.

« Je suis bien aise de vous revoir, s'écria-t-il quand son messager fut à portée de l'entendre. Il vous a donc été possible de vous procurer les pommes d'or?

— Certainement, et je vous assure que j'ai choisi les plus belles. Oh! quel endroit magnifique que le jardin des Hespérides! Et le dragon aux cent têtes! c'est une chose qui mérite d'être vue. Ma foi! je regrette franchement que vous n'y soyez pas allé.

— N'importe, reprit Hercule. Ç'a été pour vous une promenade agréable, et vous avez réussi tout aussi bien que j'aurais pu réussir moi-même. Je vous remercie cordialement du service. Maintenant, comme mon pays est très-loin d'ici et que je suis assez pressé, car le roi mon cousin attend les pommes d'or avec une grande impatience, voulez-vous avoir la bonté de me décharger les épaules?

— Quant à cela, dit Atlas en jetant les trois fruits en l'air à une hauteur de six ou sept lieues et en les rattrapant les uns après les autres, quant à cela, mon bon ami, je vous trouve un peu singulier. Ne porterai-je pas cette bagatelle au roi, votre cousin,

Le colosse étendit la main. (*Les trois pommes d'or.*)

beaucoup plus promptement que vous? Puisque Sa Majesté est si pressée de les avoir, je vous promets de faire mes enjambées les plus longues; à vrai dire, je ne me soucie pas de reprendre le ciel sur mes épaules, du moins dans ce moment-ci. »

En entendant ces mots, Hercule, impatienté, donna une violente secousse d'épaules. Le crépuscule commençait à se répandre sur la nature, et vous auriez pu voir deux ou trois étoiles se détacher du ciel. Tous les habitants de la terre avaient les yeux tournés vers l'espace, s'attendant à une catastrophe générale.

« Mais faites donc attention! cria Atlas avec un grand éclat de rire. Pendant les cinq derniers siècles, je n'ai pas laissé choir autant d'étoiles que vous en une minute. Quand vous serez resté là aussi longtemps que moi, vous aurez acquis de la patience.

— Quoi! rugit Hercule devenu furieux, avez-vous l'intention de me faire porter ce fardeau jusqu'à la fin des siècles?

— Nous verrons cela plus tard. Quoi qu'il arrive, vous ne devez pas vous plaindre si vous n'avez à le porter que pendant cent, ou peut-être mille ans. J'ai rempli cette tâche bien plus longtemps que cela, malgré de vives douleurs dans les reins. Ainsi, au bout de ce temps-là, si je me sens disposé, nous pourrons conclure de nouveaux arrangements. Vous êtes un homme très-fort, on n'en saurait douter; mais voici la meilleure occasion pour vous d'en fournir la preuve. La postérité parlera de vous, soyez-en sûr.

— Je me moque bien de ce qu'elle pourra dire, s'écria Hercule en remuant de nouveau les épaules. Reprenez seulement votre fardeau pour quelques minutes, en attendant que je me fasse un coussin avec ma peau de lion. Cela m'échauffe énormément, et va me gêner sans nécessité pendant tant de siècles que je dois demeurer dans la même position.

— C'est trop juste, et me voilà! répondit le géant; car il n'avait aucune raison d'en vouloir à Hercule, et n'avait d'abord agi que par égoïsme et pour se mettre à l'aise. Je suis prêt, dit-il, mais seulement pour cinq minutes. Je n'entends point passer mille autres années comme les dernières. La variété fait le charme de la vie, voilà mon opinion! »

L'imbécile que ce géant avec son peu de finesse! Il jeta les pommes d'or et reprit le ciel sur ses épaules. Hercule ramassa les trois pommes, aussi grosses que d'énormes potirons, et se remit immédiatement en marche pour retourner chez lui, sans faire la moindre attention à la voix tonnante du géant qui lui hurlait de revenir.

D'autres arbres poussèrent aux pieds d'Atlas et y formèrent une épaisse forêt; et l'on put voir de nouveau entre les orteils du colosse d'énormes chênes de six ou sept cents ans.

Aujourd'hui encore, le géant, toujours à la même place, supporte le poids du ciel; ou, pour mieux dire, une montagne aussi haute que lui, et qui porte son nom, s'élève au même endroit; et, lorsque l'aquilon gronde autour de sa cime altière, nous pouvons imaginer que ce sont les cris du géant Atlas appelant Hercule de sa voix retentissante.

« Cousin Eustache, demanda Joli-Bois, resté assis, bouche béante, aux pieds du conteur, quelle était au juste la taille de ce géant?

— Crois-tu par hasard, cher enfant, que j'étais là pour le mesurer avec mon mètre? répondit l'écolier; je suppose néanmoins qu'il avait de cinq à vingt-cinq mille mètres, lorsqu'il se tenait bien droit; que le Taconic aurait pu lui servir de chaise, et Monument-Mountain de tabouret.

— Mon Dieu! s'écria le petit garçon avec un soupir de joie et de surprise, j'espère que voilà un géant! Et quelle était la longueur de son petit doigt?

— Comme d'ici au bord du lac.

— Quel géant! répéta Joli-Bois, enthousiasmé de la précision de ces mesures. Et quelle était la largeur des épaules d'Hercule?

— Oh! pour cela, je n'ai jamais été à même de le

savoir ; mais je pense qu'elles devaient être beaucoup plus larges que les miennes ou que celles de ton père, et même que les épaules de n'importe quel homme d'aujourd'hui.

— Je voudrais bien, chuchota Joli-Bois à l'oreille de son cousin, je voudrais bien savoir aussi la grosseur des chênes qui poussaient entre les orteils d'Atlas.

— Ces chênes étaient plus gros que le vieux marronnier qui est derrière la maison du capitaine.

— Eustache, dit M. Pringle après un instant de réflexion, il m'est impossible d'exprimer sur cette histoire une opinion qui puisse satisfaire votre amour-propre d'auteur. Croyez-moi, ne touchez plus aux mythes des anciens. Votre imagination est toute gothique, et fera porter son empreinte à tous les sujets qu'elle essayera de traiter. C'est comme si vous alliez barbouiller de couleur une statue de marbre blanc. Ce géant, par exemple ! Comment avez-vous pu vous aventurer à jeter un colosse informe et disproportionné au milieu des lignes traditionnelles et si pures de la fable grecque, toujours portée à réduire les objets et à faire rentrer dans d'étroites limites l'extravagant même, qu'elle recouvre d'un fini précieux, et d'une suprême élégance ?

— J'ai dépeint le géant comme il m'est apparu, dit Eustache un peu blessé. D'ailleurs, monsieur, rappelez-vous ces allégories, en cherchant à leur donner une forme nouvelle, et vous verrez qu'un Grec de l'antiquité n'avait pas plus de droit exclusif sur elles qu'un Yankee de nos jours. C'est une propriété commune, qui appartient à tout le monde et qui est de tous les siècles. Les anciens poëtes les ont remodelées à leur fantaisie. Entre leurs mains ce n'était qu'une œuvre plastique ; pourquoi donc, à mon tour, ne pourrais-je pas remanier leurs récits pour en faire un objet d'art ? »

M. Pringle ne put s'empêcher de sourire.

« De plus, continua l'écolier, du moment que vous introduisez dans un moule classique quelque mouvement du cœur, quelque moralité divine ou humaine, vous en faites une chose toute différente de ce qu'elle était auparavant. Dans mon opinion, les Grecs, en s'emparant de ces fictions, patrimoine immémorial du genre humain, et en leur imposant un caractère de beauté absolue, mais froid et insensible, ont causé un préjudice incalculable aux siècles postérieurs.

— Préjudice auquel, sans aucun doute, vous êtes né pour remédier, dit M. Pringle en riant cette fois sans ménagement. Vous en penserez ce que vous voudrez ; mais je vous conseille de ne jamais confier au papier vos travestissements. Pour nouvel essai, pourquoi ne porteriez-vous pas la main sur une des légendes d'Apollon ?

— Vous croyez me proposer une chose impossible, répondit l'écolier. Certes, au premier coup d'œil, l'idée d'un Apollon gothique paraît assez ridicule. Mais je veux y réfléchir, et je ne désespère pas tout à fait du succès. »

Pendant qu'ils parlaient ainsi, les enfants, qui ne comprenaient goutte à cette discussion littéraire, s'étaient endormis, et on les avait envoyés se coucher. Le vent du nord-ouest soufflait violemment dans la cime des arbres, et enveloppait la maison d'une sauvage harmonie; Eustache Bright regagna sa chambre, essaya de forger quelques vers, et s'endormit entre deux rimes.

LA
CRUCHE MIRACULEUSE

LE PENCHANT DE LA COLLINE.

A quelle époque et où pensez-vous que nous allons maintenant retrouver nos petits camarades? Non plus en hiver, mais au joli mois de mai ; non plus autour du foyer de Tanglewood, mais à moitié chemin d'une colline escarpée ou plutôt d'une montagne. Ils avaient quitté la maison avec le projet ambitieux de franchir cette grande colline jusque par delà son front chauve. Ce n'est pas à dire qu'elle fût aussi élevée que le Chimborazo ou le mont Blanc; elle était même de beaucoup inférieure à Graylock. En tout cas, le sommet dépassait en hauteur des milliers de fourmilières, ou un million de taupinées, et, proportionnée aux enjambées des enfants, elle pouvait être considérée comme une montagne respectable.

Le cousin Eustache était-il de la partie ? Pouvez-vous en douter? Sans lui, comment le livre marcherait-il? Eustache Bright prenait ses vacances de printemps, et avait, à peu de chose près, l'air que nous lui avons connu il y a trois ou quatre mois, excepté qu'en examinant de près sa lèvre supérieure, on y distinguait la plus drôle de petite moustache ; mais en ne prêtant pas une grande attention à cette marque de virilité, vous auriez cru le cousin Eustache tout aussi enfant qu'au moment où vous avez fait connaissance avec lui. C'était toujours le même, plein de gaieté, de bonne humeur et d'enjouement ; toujours aussi souple de jarret et d'imagination, et le favori de la gent enfantine. L'expédition était due à son esprit inventif. Pendant tout le temps de l'ascension, il n'avait cessé d'encourager les aînés du geste et de la voix ; et, quand Bouton-d'Or, Primevère et Fleur-des-Pois se sentaient fatigués, il les hissait alternativement sur son dos. De cette manière, ils avaient traversé les vergers et les potagers, puis atteint la forêt jetée comme un manteau sur le flanc de la colline.

Le mois de mai avait été plus agréable qu'il ne l'est d'habitude. Cette journée, entre autres, était aussi printanière, aussi délicieuse que pouvait la désirer un cœur d'homme ou d'enfant. Tout en gravissant le coteau, les petits explorateurs avaient trouvé pas mal de violettes bleues et blanches ; quelques-unes même dorées comme si lles avaient subi le toucher du roi Midas. La plus sociable des fleurs, la délicate housatonia, abondait dans les sentiers. C'est une fleur qui ne vit jamais seule, et qui n'est heureuse qu'au milieu d'un grand nombre d'amis et de parents. Vous en voyez parfois une tribu tout entière, rassemblée dans un espace pas plus large que la paume de la main ; d'autres fois, c'est une immense agglomération blanchissant le tapis d'un pâturage ; et chacune de ces petites plantes communique à sa voisine tout un monde de vie et d'amour. Sur la lisière du bois il y avait des colombies plutôt pâles que rouges ; si modestes, qu'elles avaient regardé comme plus convenable de se dissimuler aux ardeurs du soleil. On voyait aussi des géraniums, et des fraisiers couverts de milliers de boutons blancs comme la neige. L'arbousier, durable dans sa floraison, n'était pas encore passé ; mais il cachait ses précieuses corolles sous un lit de feuilles mortes de l'année précédente, avec autant de sollicitude que l'oiseau dérobe à la vue sa nichée. Il avait, j'en suis sûr, la conscience de la beauté et des parfums qu'il recélait. Le mystère de leur retraite était si bien gardé, que les enfants aspiraient leur douce odeur avant de savoir où était la source.

Au milieu de tant de jeunesse et de fraîcheur, il était étrange et vraiment triste de voir çà et là, dans la prairie, les perruques poudrées des dents-de-lion déjà montées en graine, et arrivées à leur automne avant la venue de l'été.

Mais ne perdons pas notre temps à parler de fleurs sauvages. Les enfants sont assis et forment déjà un cercle autour d'Eustache Bright, prêt à leur dire un conte. La partie la plus jeune de la bande a trouvé que de petites jambes ne répondaient pas aux difficultés de l'excursion; et notre mentor a laissé à mi-côte Joli-Bois, Primevère, Fleur-des-Pois et Pâquerette, jusqu'au retour de l'exploration à la cime. Comme ils se plaignent un peu, et qu'il leur répugne de rester en arrière, il leur distribue quelques pommes mises en réserve dans ses poches, et propose d'improviser une charmante histoire. Là-dessus le nuage disparaît, et le voile de mélancolie qui était tombé sur leurs visages s'enlève pour faire place à des sourires animés.

Quant à l'histoire, j'étais là pour l'entendre, caché derrière un buisson, et je veux vous la conter dans les pages qui vont suivre.

LA CRUCHE MIRACULEUSE.

Un soir des temps anciens, la vieille Baucis et Philémon, son vieux mari, étaient assis à la porte de leur chaumière, admirant un magnifique coucher de soleil. Ils venaient de faire un souper frugal, et se proposaient de respirer l'air pendant une heure ou deux avant d'aller au lit. Leur jardin, leur vache, leurs abeilles, une vigne qui tapissait le pignon de leur petite habitation, et à laquelle pendaient des raisins presque mûrs, tels étaient les sujets de leur entretien. Mais les cris sauvages des enfants et les aboiements furieux des chiens des environs commencèrent à les troubler, et devinrent si bruyants qu'ils avaient de la peine à s'entendre l'un l'autre.

« Femme, dit Philémon en élevant la voix, je

crains bien que ce ne soit quelque voyageur égaré qui cherche l'hospitalité chez nos voisins, et que ceux-ci, au lieu de lui donner un abri et des aliments, ne lancent leurs chiens après lui, comme c'est leur habitude!

— Miséricorde! répliqua Baucis, je voudrais bien les voir ressentir un peu plus de compassion pour leurs semblables! Et penser qu'ils élèvent leurs enfants dans ces mauvais principes, et sont les premiers à leur dire de jeter des pierres aux étrangers!

— Ces enfants-là ne feront jamais rien de bon, ajouta le vieillard en secouant sa tête blanche; et pour tout dire, femme, je ne serais pas étonné si quelque terrible malheur venait à fondre sur toute la population, à moins qu'elle ne se corrige. Quant à nous, aussi longtemps que la Providence nous accordera une croûte de pain, nous serons toujours prêts, n'est-ce pas? à la partager avec tout étranger qui passera par ici.

— Tu as raison, mon mari, dit Baucis; nous n'y manquerons jamais. »

Il faut que vous sachiez que ces deux vieilles gens étaient dans la misère, et qu'ils ne gagnaient leur vie que par un travail pénible. Le vieux Philémon piochait son jardin; Baucis ne quittait pas sa quenouille, faisait un peu de beurre et de fromage avec le lait de sa vache, ou se livrait à quelques travaux dans l'intérieur de la maison. Du pain, du lait et des légumes, quelquefois un peu de miel de leur ruche, et de temps en temps une grappe de raisin, formaient leur seule nourriture. Mais c'était le couple le plus généreux du monde. Ils se seraient bien volontiers privés de dîner, plutôt que de refuser une tranche de pain noir, une tasse de lait ou une cuillerée de miel au voyageur que la fatigue avait arrêté devant leur porte. Pour eux, un pareil hôte revêtait un caractère sacré, et ils croyaient devoir l'entourer de plus de soins qu'ils n'en prenaient d'eux-mêmes.

Leur chaumière était située sur une petite éminence, au pied de laquelle un village se cachait dans une gorge large d'un demi-mille environ, qui, au commencement du monde, avait probablement servi de lit à un lac. Les poissons en avaient parcouru les profondeurs; les roseaux s'étaient multipliés le long des bords. Les arbres, les collines, avaient vu leurs images réfléchies dans le miroir transparent d'une surface liquide; mais, à mesure que les eaux s'étaient retirées, les hommes avaient cultivé le sol, bâti des maisons, et en avaient fait un lieu fertile, qui ne conservait aucune trace de son ancien état. Il en restait seulement un très-petit ruisseau, qui serpentait au milieu des habitations. Le lac était desséché depuis une époque immémoriale, et les chênes avaient eu le temps d'y pousser et d'y devenir grands et forts. Ils avaient fini par y périr de vieillesse, et avaient été remplacés par d'autres tout aussi majestueux que les précédents. Il n'y eut jamais de vallée plus belle, de végétation plus luxuriante. Le spectacle seul de l'abondance qui les environnait aurait dû inspirer la bonté et la douceur aux habitants de ce vallon, les disposer à la gratitude envers le Créateur et à la charité vis-à-vis de leurs semblables.

Cependant, je suis fâché de le dire, la population de ce charmant séjour ne méritait pas d'habiter des lieux si favorisés du ciel. C'était un peuple égoïste et dur, sans pitié pour les indigents et les malheureux de toute espèce. S'ils entendaient dire que les hommes doivent s'aimer les uns les autres, parce qu'il n'y a pas d'autre moyen de payer la Providence de son amour et de sa sollicitude pour nous, ils ne faisaient que rire avec mépris. Croiriez-vous que ces misérables enseignaient à leurs enfants à n'être pas meilleurs qu'eux-mêmes, et qu'ils applaudissaient aux efforts des petits garçons et des petites filles, en les voyant poursuivre quelque pauvre étranger de leurs cris et lui lancer des pierres? Ils avaient de gros chiens hargneux, et, chaque fois qu'un voyageur s'aventurait dans la rue, ces affreux chiens étaient lâchés sur lui, jappant, grognant, grinçant les dents, et saisissant au hasard les jambes ou les habits. Il était bientôt tout déguenillé, avant même d'avoir eu le temps de prendre la fuite. Et quelle horrible chose quand, par exemple, le malheureux était malade, faible, vieux ou infirme! Aussi, quand il avait fait une fois l'expérience de la méchanceté des habitants et des chiens de cet endroit, il se détournait de son chemin et l'allongeait de plusieurs lieues, afin de ne pas avoir à passer dans cet abominable village.

C'était d'autant plus mal que, chaque fois que des personnes riches traversaient leur pays en voiture, ou suivies de domestiques en brillantes livrées, ces vilaines gens étaient les plus serviles des hommes. Si leurs fils ou leurs filles manquaient d'égards envers ces riches étrangers, ils étaient sûrs de recevoir quelques bons soufflets. Quant aux chiens, si l'un d'eux s'avisait d'aboyer, le maître s'empressait de lui administrer une volée de coups de bâton, et l'attachait dans sa niche sans lui donner à souper. Ceci aurait été fort bien, si les villageois n'eussent prouvé, en agissant de cette manière, qu'ils se préoccupaient vivement de l'argent que l'étranger pouvait avoir dans sa poche, et pas du tout de l'âme humaine qui réside également chez le mendiant et chez le prince.

Maintenant, vous comprenez pourquoi le vieux Philémon s'exprima avec tant d'amertume en entendant les cris des enfants et les aboiements des chiens. C'était un vacarme confus qui dura assez longtemps et remplit toute la vallée.

« Je n'ai jamais entendu les chiens aboyer si fort ! dit le bon vieillard.

— Ni les enfants crier si rudement ! » répondit sa compagne.

Ils se regardaient l'un l'autre en branlant la tête, et le bruit se rapprochait de plus en plus. Au pied de la petite éminence sur laquelle était située leur chaumière, ils aperçurent deux voyageurs qui marchaient de leur côté. Un peu dans l'éloignement courait une bande de petits mauvais sujets qui perçaient l'air de leurs cris, et jetaient de toutes leurs forces une grêle de pierres aux deux étrangers. Une ou deux fois le plus jeune des deux, jeune homme d'une taille élancée et d'un air très-vif, se retourna et chassa les chiens avec un bâton qu'il tenait à la main. Son compagnon, d'un extérieur beaucoup plus grave, conservait le plus grand calme, comme s'il eût dédaigné de faire attention aux petits vauriens ou à la meute qu'ils prenaient pour modèle.

Tous deux étaient vêtus avec une extrême simplicité, et ne faisaient pas l'effet d'avoir assez d'argent pour payer leur gîte et leur souper. Et voilà pourquoi, j'en ai bien peur, les villageois avaient permis à leurs enfants et à leurs chiens de les traiter si grossièrement.

« Viens, ma femme, dit Philémon à Baucis, allons à la rencontre de ces étrangers. A peine s'ils ont la force de monter la côte, et probablement ils ont faim.

— Va seul au-devant d'eux, répliqua Baucis; pendant ce temps-là, je vais bien vite regarder si nous ne pouvons pas avoir quelque chose pour souper : une bonne tasse de lait avec du pain, ce serait le meilleur moyen de les réconforter. »

Elle se hâta de rentrer. De son côté, Philémon s'avança et tendit la main aux voyageurs d'un air si hospitalier, qu'il était inutile de dire les paroles suivantes, qu'il prononça néanmoins du ton le plus cordial :

« Soyez les bienvenus, mes amis, et venez vous reposer chez moi.

— Merci! répliqua le plus jeune avec une certaine vivacité, malgré son trouble et sa fatigue; c'est un accueil tout différent de celui que nous avons reçu là-bas. Comment se fait-il que vous viviez dans un si mauvais voisinage?

— Ah! répondit Philémon avec un sourire plein de bonté, la Providence m'a mis ici, je l'espère, entre autres raisons, pour compenser à votre égard l'inhospitalité de nos voisins.

— Voilà qui est bien parlé, mon vieux père! s'écria le voyageur en riant; et, pour ne rien vous dissimuler, cette compensation nous est à peu près indispensable. Ces affreux petits vauriens nous ont jeté des pierres et de la boue, et l'un des chiens a mis en pièces mon manteau, qui était déjà bien assez déchiré ; mais je lui ai administré un coup de mon bâton sur le museau, et je pense que vous avez pu l'entendre hurler, même à cette distance. »

Philémon se réjouissait de voir un malheureux de si bonne humeur. A son air et à son maintien, vous n'auriez jamais imaginé qu'il avait enduré les fatigues d'un long jour de marche, terminé par un accueil aussi peu bienveillant. Son costume était bizarre. Il avait sur la tête une sorte de chapeau dont les bords se relevaient au-dessus des oreilles. Bien qu'on fût en été, il portait un manteau dont il s'enveloppait avec soin, peut-être parce que son vêtement de dessous était en lambeaux. Philémon remarqua aussi qu'il avait aux pieds une paire de souliers fort drôles ; mais, comme il faisait alors tout à fait sombre, et que sa vue n'était pas des plus nettes, il ne se rendait pas un compte exact de sa première impression. Une chose pourtant le frappa. Le voyageur était si merveilleusement actif et léger, que ses pieds semblaient quelquefois s'enlever de terre et n'y rester attachés que par un effort.

« Moi aussi, j'avais le pied léger dans ma jeunesse, dit Philémon à l'étranger, mais j'ai toujours constaté que mes pieds devenaient plus lourds à mesure que la nuit tombait.

Le bâton se releva de lui-même. (*La cruche miraculeuse*)

— Il n'y a rien de tel qu'un bon bâton pour s'aider à marcher, répondit celui-ci, et j'en ai un parfait, comme vous voyez. »

C'était le plus singulier bâton que le vieillard eût jamais vu. Il était de bois d'olivier, se terminait par deux petites ailes, et les deux serpents sculptés qui s'enlaçaient autour avaient été faits par une main si habile, que Philémon, dont les yeux n'étaient plus excellents, fut tenté de les croire en vie. Il aurait presque affirmé qu'il les voyait se tordre et les entendait siffler.

« Voilà un bien curieux travail! s'écria-t-il; un bâton avec des ailes! Ce serait excellent pour servir de cheval de bois à un petit garçon! »

Cependant Philémon et ses deux hôtes étaient arrivés devant la porte de la chaumière.

« Mes amis, dit le premier, asseyez-vous et reposez-vous sur ce banc. Ma femme Baucis a été voir ce qu'elle peut vous procurer pour souper. Nous ne sommes que de pauvres gens, mais disposez de tout ce qui est dans ma maison. »

Le plus jeune des deux étrangers s'étendit nonchalamment sur le banc, et laissa tomber son petit bâton; mais alors il se passa un fait assez incroyable, bien qu'insignifiant en soi. Le bâton se releva de lui-même, et, après avoir ouvert ses petites ailes, moitié sautillant, moitié voltigeant, vint s'appuyer contre le mur. Il y resta parfaitement tranquille, à l'exception des serpents qui continuaient à se tordre. Mais je suis persuadé que les yeux du vieux Philémon le trompaient à cet égard.

Au moment où il allait questionner l'étranger au sujet du bâton, il en fut détourné par le plus âgé des voyageurs, qui lui parla en ces termes, et d'un ton remarquablement sérieux :

« N'existait-il pas autrefois un lac qui remplissait le vallon où ce village est situé aujourd'hui ?

— Non pas de mon temps, l'ami, répondit Philémon, quoique je sois bien bien vieux, comme vous voyez. J'y ai toujours vu les champs et les prairies qu'on y voit à présent, de grands arbres et le petit ruisseau qui murmure au fond de la vallée. Mon père, et son père avant lui, n'ont jamais vu autre chose ; et sans doute il en sera de même quand Philémon, chargé d'années, sera parti pour l'autre monde, et depuis longtemps oublié.

— C'est ce que personne ne peut savoir et prédire, répliqua l'étranger, dont la voix prit un accent impérieux, en secouant la tête et agitant les boucles noires de son épaisse chevelure. Puisque les habitants de ce pays ont perdu les sentiments dont les avait doués la nature, il vaudrait mieux que le lac remplît son antique bassin, et vînt détruire jusqu'à la dernière trace de leur séjour ! »

En prononçant ces mots, il prit une physionomie si sévère, que Philémon en fut presque effrayé ;

d'autant plus qu'au froncement de ses sourcils, le ciel se couvrit tout à coup d'un voile plus obscur, et qu'au moment où il secoua la tête, il y eut un roulement de tonnerre dans l'espace.

Mais, quelques minutes après, son visage devint si calme et si bienveillant que le vieillard oublia sa première terreur. Néanmoins, il ne put s'empêcher de songer que ce voyageur n'était pas un homme ordinaire, malgré ses humbles vêtements, et bien qu'il allât à pied. Non pas que Philémon supposât que c'était un prince déguisé ou tout autre grand personnage; il songeait plutôt à quelque docte philosophe qui parcourait ainsi le monde, sous l'apparence de la pauvreté, méprisant les richesses et le luxe, et qui cherchait dans ses voyages à augmenter ses connaissances. Cette idée frappa d'autant plus Philémon, que, lorsqu'il levait les yeux sur l'étranger, il lui semblait voir dans un seul de ses regards plus de pensées que lui-même n'aurait pu en concevoir pendant une longue vie.

Tandis que Baucis activait les préparatifs du souper, les deux inconnus se mirent à causer familièrement avec leur hôte. Le plus jeune était un grand parleur et faisait des remarques si pleines de malice et d'esprit que le bon vieillard ne cessait d'éclater de rire, et déclarait que c'était le plus amusant de tous les hommes qu'il avait jamais rencontrés.

« Mon jeune ami, dit-il, quand ils commencèrent

à se familiariser l'un avec l'autre, dites-moi, je vous prie, comment vous vous appelez.

— Je suis agile, comme vous voyez, répondit le voyageur. Appelez-moi Vif-Argent, ce nom m'ira parfaitement.

— Vif-Argent ! répéta Philémon en le regardant en face, pour s'assurer qu'il ne se moquait pas de lui. C'est un nom bien étrange ; est-ce que celui de votre camarade est tout aussi bizarre ?

— Demandez-le au tonnerre, et il vous l'apprendra ! répliqua Vif-Argent d'un ton mystérieux ; car il n'existe pas de voix assez forte pour le prononcer. »

Sérieuse ou plaisante, cette remarque n'eût pu manquer d'inspirer à Philémon une profonde terreur, si, en jetant un coup d'œil furtif sur les traits de celui qui en était l'objet, il n'y avait rencontré l'expression de la plus grande bienveillance. C'était assurément la plus noble figure qui se fût jamais assise à la porte d'une chaumière. Sa parole grave était si pénétrante et si douce, que Philémon se sentait irrésistiblement poussé à lui ouvrir son cœur. Tel est le sentiment que nous inspire la présence d'un homme assez supérieur pour comprendre nos qualités ou nos défauts, et pour ne pas nous mépriser.

Philémon, lui, simple et généreux, n'avait point de secrets à révéler. Il causait cependant avec abandon des événements de sa vie, pendant laquelle il ne s'était jamais éloigné à vingt milles des lieux de sa naissance. Sa femme Baucis et lui avaient habité cette chaumière depuis leur première jeunesse, gagnant leur pain par un travail honnête, toujours pauvres, mais toujours contents. Il raconta quel beurre et quels fromages excellents elle faisait, quels savoureux légumes il cultivait dans son jardin. Il dit aussi leur mutuel et tendre amour, et leur désir à tous deux de ne pas être séparés par la mort, mais de mourir ensemble comme ils avaient vécu.

À mesure que l'étranger écoutait ce récit, un sourire brillait sur ses traits, et lui donnait un aspect aussi doux qu'il était noble ordinairement.

« Vous êtes un bon vieillard, lui dit-il, et vous avez une femme charitable pour compagne. Il est juste que votre vœu s'accomplisse. »

À ce moment, il sembla à Philémon que le soleil rayonnait vers l'occident d'un éclat plus vif, et éclairait tout le ciel d'une lumière soudaine.

Baucis avait fini de préparer le souper, et, se montrant à la porte de la chaumière, elle s'excusa du chétif repas qu'elle allait offrir à ses hôtes.

« Si nous avions su d'avance votre arrivée, dit-elle, nous nous serions plutôt passés de notre unique morceau de pain pour vous procurer un repas un peu meilleur. Mais j'ai employé presque tout mon lait à faire des fromages; notre pain est à moitié mangé, et c'est le dernier qui nous reste; je ne souffre jamais tant d'être dans la misère, que lorsqu'un voyageur vient frapper à notre porte.

—Tout va bien ; ne vous mettez pas en peine, ma chère femme, répliqua avec bonté l'étranger à l'air vénérable. Un accueil honnête et cordial opère des miracles, et peut changer les mets les plus grossiers en délicieuse ambroisie.

— Quant au bon accueil, vous l'avez, s'écria Baucis, et de plus, un peu de miel qui, par une chance heureuse, nous reste avec une grappe de raisin mûr.

—Et que voulez-vous de plus, mère Baucis? mais c'est un vrai festin! s'écria Vif-Argent. Vous allez voir comme je vais m'acquitter de mon rôle d'invité! Je ne me suis jamais senti si bon appétit!

—Miséricorde! murmura Baucis à l'oreille de son mari, si le plus jeune a une faim semblable, j'ai bien peur qu'il n'y ait pas de quoi souper. »

Et ils entrèrent dans la chaumière tous les quatre.

Maintenant, chers petits auditeurs, faut-il que je vous dise quelque chose qui vous fasse ouvrir de grands yeux? Voici l'un des épisodes les plus intéressants de l'histoire. Le bâton de Vif-Argent, vous vous en souvenez, s'était installé contre le mur de la maison. Quand son maître posa le pied sur le seuil de la porte, il se mit à battre aussitôt des ailes, à voltiger, à sautiller sur les marches du perron! Toc, toc, toc, faisait-il en résonnant sur le plancher de la cuisine; et il n'eut pas de repos qu'il ne trouvât une petite place, où il se tint, avec un air d'importance des plus comiques, devant la chaise de Vif-Argent. Le vieux Philémon cependant, ainsi que sa femme, s'occupait avec tant d'attention à servir les voyageurs, que les mouvements du bâton passèrent inaperçus.

Comme Baucis l'avait dit, c'était un misérable souper pour deux voyageurs épuisés. Au milieu de la table était le débris d'un pain bis, avec un peu de fromage d'un côté, et de l'autre un rayon de miel. Il y avait une belle grappe de raisin pour chacun des convives. Une cruche de terre, médiocrement grande, presque pleine de lait, était posée à l'un des angles, et, quand Baucis en eut versé dans les deux tasses et les eut mises devant les étrangers, il ne restait à peu près rien au fond. Hélas! quelle triste chose, quand un cœur sensible se trouve empêché par les circonstances de faire le bien qu'il désire! Baucis eût été heureuse si, en jeûnant toute la semaine suivante, elle avait pu procurer à ses hôtes affamés un souper plus abondant. »

Voyant le repas si médiocre, elle ne put se défendre de désirer que leur appétit fût moins grand. Comprend-on qu'à peine assis nos deux inconnus burent d'un seul trait leur bol de lait, sans laisser une goutte au fond du vase!

« Un peu de lait, s'il vous plaît, bonne mère, dit

Vif-Argent. Il a fait chaud aujourd'hui, et j'ai le gosier terriblement sec!

—Mes bons amis, répliqua Baucis toute confuse, j'en suis vraiment bien triste; mais il n'y a plus rien dans le pot au lait.

— Bah! s'écria Vif-Argent en se levant avec vivacité et en prenant la cruche par l'anse, il me semble que la situation n'est pas aussi mauvaise que vous la représentez. Il y a encore du lait, et plus que nous n'en boirons. »

En disant cela, il se mit à remplir non-seulement sa tasse, mais celle de son compagnon, au grand étonnement de Baucis. La brave femme ne pouvait en croire ses yeux. Elle était convaincue d'avoir versé presque tout, et elle avait jeté un regard désappointé dans l'intérieur de la cruche en la remettant elle-même sur la table.

« Enfin, je suis vieille, pensa Baucis, j'oublie facilement. Je me suis trompée sans doute. En tout cas, elle ne peut manquer d'être vide à présent, après avoir fourni deux rations aussi complètes.

— Quel lait délicieux! s'écria Vif-Argent après avoir absorbé la deuxième tasse. Excusez-moi, ma bonne hôtesse, mais il faut absolument que j'en reprenne encore un peu. »

Pour le coup Baucis avait vu, aussi clairement que possible, que Vif-Argent avait retourné le vase, et par conséquent n'y avait pas laissé la moindre

Il se mit à remplir sa tasse et celle de son compagnon. (*La cruche miraculeuse.*)

goutte de liquide. Cependant, afin de lui prouver ce qu'elle avançait, elle leva la cruche et fit le geste de verser, sans la moindre idée qu'il en pût sortir le plus léger filet. Quelle ne fut pas sa surprise de voir une abondante cascade tomber en bouillonnant dans un des bols, qui fut immédiatement rempli et déborda sur la table! Les deux serpents entortillés autour du bâton de Vif-Argent allongèrent la tête et se mirent à lapper le lait répandu; mais ni Philémon ni Baucis ne remarquèrent cette circonstance.

Et quel parfum exquis il avait! On aurait dit que la vache de Philémon avait brouté, ce jour-là, l'herbe la plus odorante du globe. Je ne fais pour vous qu'un souhait, mes chers amis : c'est que vous puissiez avoir à votre souper un bol de lait pareil!

« Maintenant, mère Baucis, dit Vif-Argent, une tranche de votre pain avec un peu de miel. »

Celle-ci lui coupa la tranche demandée; et bien que le pain, quand son mari et elle en avaient mangé, fût dur et peu agréable, il se trouva alors aussi tendre et aussi savoureux que s'il sortait du four. Elle goûta un petit morceau de mie tombé sur la table, qui lui parut meilleur que jamais pain ne fut au monde, et elle ne voulut pas croire que ce fût elle qui en eût pétri la pâte. Cependant ce petit morceau de mie appartenait bien au pain qu'elle avait fait, et devait nécessairement être de sa façon.

Quant au miel, je ferais mieux de ne pas essayer

de dire combien il réjouissait la vue et l'odorat. Il avait la couleur de l'or le plus pur, la transparence de la topaze, le parfum de mille fleurs, mais de ces fleurs comme il n'en pousse jamais dans aucun jardin terrestre, et que les abeilles devaient avoir été chercher bien au-dessus de la région des nuages. Ce qu'il y a de surprenant, c'est qu'après avoir butiné au milieu de parterres aussi embaumés et de corolles éternellement entr'ouvertes, ces abeilles aient consenti à redescendre dans le jardin de Philémon. En un mot, jamais miel n'eut une apparence, un goût et un arome comparables à celui-là. Une douce exhalaison flottait autour de la cuisine et en embaumait l'intérieur, au point qu'en fermant les yeux, vous vous seriez cru mollement couché sous un berceau de chèvrefeuilles célestes.

Mère Baucis, malgré son grand âge et sa simplicité, ne put s'empêcher de penser qu'il y avait dans tout cela quelque chose de surnaturel. Aussi, lorsqu'elle eut servi aux deux étrangers du pain et du miel, et placé sur chacune de leurs assiettes une grappe de raisin, elle s'assit à côté de Philémon, et lui dit tout bas à l'oreille ce qu'elle croyait avoir vu.

« As-tu jamais rien entendu dire de pareil?

— Non, ma foi! répondit Philémon en souriant. Je pense plutôt, ma pauvre femme, que ta vieille tête a un peu battu la campagne. Si j'avais versé le lait moi-même, j'y aurais vu plus clair; c'est tout simplement qu'il y en avait dans la cruche beaucoup plus que tu ne croyais.

— Dis tout ce que tu voudras, ce sont des gens fort extraordinaires.

— Je ne dis pas non, répliqua Philémon souriant toujours; il est certain qu'ils paraissent avoir été dans une meilleure position que celle où ils sont aujourd'hui. Quoi qu'il en soit, je me réjouis de tout mon cœur de leur voir faire un aussi bon souper. »

Chacun d'eux avait en ce moment pris sa grappe de raisin sur son assiette. Baucis, s'étant frotté les yeux afin de rendre sa vue un peu plus distincte, pensa que les grappes avaient augmenté de grosseur, et que chaque grain était près de crever par surabondance de jus. Quel mystère impénétrable, que ces grappes eussent été produites par la treille chétive qui grimpait avec effort le long du mur de la chaumière!

« Quel admirable raisin! dit encore Vif-Argent en avalant les grains les uns après les autres, sans pour cela diminuer en apparence le volume de sa grappe. Dites-moi, je vous prie, mon brave homme, où donc l'avez-vous pris?

— A ma treille, dont vous pouvez voir l'une des branches à travers la fenêtre que voilà. Mais ma femme ni moi nous n'avons jamais trouvé que ce raisin fût très-beau.

— Je n'en ai jamais mangé de meilleur, répondit l'étranger. Une autre tasse de cet excellent lait, s'il vous plaît, et j'aurai soupé mieux qu'un prince. »

Cette fois le vieux Philémon s'empara de la cruche, car il était curieux de découvrir s'il y avait une ombre de réalité dans les merveilles que Baucis lui avait révélées. Il savait que sa femme était incapable de mentir, et qu'elle s'était rarement trompée dans ses suppositions. Le cas était si singulier, qu'il avait besoin de le vérifier de ses propres yeux. En levant la cruche, il donna un rapide coup d'œil dans l'intérieur, et vit avec satisfaction qu'il n'y avait pas une seule goutte de liquide. Tout d'un coup, cependant, il aperçut un petit jet blanc qui s'élançait du fond du vase, et qui le remplit bien vite, jusqu'aux bords, d'un lait écumant et parfumé. Par bonheur Philémon, dans son trouble, ne laissa pas échapper de sa main la cruche miraculeuse.

« Qui êtes-vous donc, étrangers, qui opérez de tels prodiges? s'écria-t-il encore plus ébloui que sa femme.

— Tout simplement vos hôtes, mon cher Philémon, vos amis, répliqua le plus âgé des voyageurs d'une voix douce et pénétrante, et en même temps pleine de noblesse. Donne-moi aussi une tasse de ce lait; et puisse cette cruche n'être jamais vide pour ta généreuse femme et pour toi, non plus que

Il ne restait à peu près rien au fond. (*La cruche miraculeuse.*)

pour les passants qui se trouveront dans le besoin !... »

Le souper terminé, les étrangers demandèrent à aller se reposer. Les deux vieilles gens auraient été bien aises de causer un peu plus longtemps avec eux, d'exprimer le ravissement et le plaisir qu'ils éprouvaient en voyant un pauvre et maigre repas devenir, par enchantement, aussi copieux que délicat. Mais la figure du noble inconnu leur imposait tellement, qu'ils n'osèrent pas lui adresser de nouvelles questions. Cependant, quand Philémon prit Vif-Argent à part, pour savoir de lui comment, sous le soleil, une source de lait avait jamais pu jaillir dans l'intérieur d'une vieille cruche d'argile, ce personnage lui montra du doigt son étrange bâton, en ajoutant :

« C'est là qu'est tout le mystère ; si vous parvenez à me l'expliquer, je vous serai fort obligé. Il m'est impossible de vous conter toutes les ressources que je peux en tirer. Il est sans cesse à me jouer des tours du même genre : parfois il me procure un souper que la plupart du temps il me dérobe. Si j'avais foi dans de pareilles folies, je dirais qu'il est enchanté ! »

Puis, sans rien dire de plus, il les regarda tous les deux avec tant de malice, qu'ils crurent vraiment qu'il les prenait pour dupes. Le bâton magique sautilla derrière les talons de Vif-Argent, au moment où celui-ci s'éloigna. Une fois seuls, les deux époux s'entretinrent des événements de la journée, se couchèrent par terre, et s'endormirent d'un profond sommeil. Ils avaient cédé leur chambre à leurs hôtes, et n'avaient pour lit que le plancher, dont j'aurais désiré voir le bois aussi tendre que leurs cœurs.

Les deux vieillards se réveillèrent de bon matin. Les étrangers se levèrent également avec le soleil, et firent leurs préparatifs de départ. Philémon poussa l'hospitalité jusqu'à les inviter à prolonger leur séjour. « Baucis pourrait, disait-il, traire de nouveau la vache, mettre au four un gâteau, et leur trouver des œufs frais pour déjeuner. » Mais ils n'acceptèrent point, alléguant qu'ils voulaient faire une bonne partie de leur route avant la grande chaleur. Ils se décidèrent donc à partir sur-le-champ, et demandèrent à Philémon et à Baucis de les accompagner à une petite distance, afin de leur indiquer leur chemin.

Ils quittèrent tous quatre la chaumière, en babillant comme de vieux amis. Il était vraiment étrange de voir combien ces deux vieux époux s'étaient insensiblement familiarisés avec l'aîné des voyageurs, et comme leurs deux âmes simples et généreuses s'étaient fondues dans la sienne. C'étaient, sans comparaison, deux gouttes d'eau absorbées par l'abîme infini de l'Océan. Quant à Vif-Argent, son esprit narquois, son regard fin, pénétraient au fond de leur pensée avant même qu'ils l'eussent conçue. Ils se prenaient souvent à désirer qu'il eût moins d'astuce, et auraient souhaité qu'il se débarrassât de ce bâton à serpents qui avait l'air si mystérieux : et pourtant, il s'était montré de si belle humeur, qu'ils auraient été enchantés de le garder auprès d'eux, même avec son bâton, y compris les serpents.

« Hélas ! s'écria Philémon, quand ils furent assez loin de la chaumière, si seulement nos voisins savaient quel bonheur on éprouve à exercer l'hospitalité, ils empêcheraient leurs chiens d'aboyer contre les malheureux et leurs enfants de les poursuivre à coups de pierres.

— C'est un péché et une honte de se conduire ainsi ! continua Baucis avec force. Je veux aller les visiter aujourd'hui même, et représenter à quelques-uns d'entre eux combien ils sont méchants !

— Je crains bien, reprit Vif-Argent d'un air sournois, que vous ne trouviez personne au logis. »

A ce moment, le front du principal personnage prit un air sévère, sans perdre sa sérénité habituelle. Philémon et Baucis le remarquèrent, et n'osèrent plus prononcer un seul mot. Ils levèrent les yeux vers cette face empreinte de majesté, avec autant de vénération que si c'eût été le Dieu du ciel.

« Quand les hommes n'ont pas, vis-à-vis du plus

humble de leurs semblables, la même affection que s'il était leur frère, dit-il d'une voix qui résonna comme un orgue harmonieux, ils sont indignes d'exister sur la terre, qui a été créée pour servir de demeure commune à toute la race humaine.

— A propos, chers amis, s'écria Vif-Argent du ton le plus railleur et de l'air le plus espiègle, mais où est donc ce village dont vous parliez tout à l'heure? Je n'en vois pas la moindre apparence. »

Philémon et Baucis tournèrent leurs regards du côté de la vallée où, la veille, au soleil couchant, ils avaient vu les prairies, les maisons, les jardins, les bosquets, la rue large et garnie d'arbres qu'animaient les jeux des enfants; en un mot, tous les dons de la nature, tous les résultats du travail et de la prospérité. Quel fut leur étonnement! Plus de village, plus de prairie! tout avait disparu. A leur place, un lac tranquille et bleu remplissait le vallon qui lui servait de bassin. Les collines y reflétaient leur image avec le même calme que s'il en eût été ainsi depuis la création du monde. Le lac était poli comme une glace; puis il s'éleva une brise légère qui vint y imprimer quelques rides, faire scintiller les rayons du soleil dans ses vagues émues, et pousser l'eau contre les rives avec un doux murmure.

Cette vue produisit sur les deux vieillards un effet singulier. Il leur parut d'abord que ce lac avait toujours été là, et que tout autre souvenir n'était qu'un songe. Mais un moment après, ils se rappelèrent les maisons disparues, les figures et le caractère des habitants, et ne crurent plus rêver. C'était malheureusement trop certain : le village qui était là hier encore avait disparu pour toujours!

« Hélas! s'écrièrent-ils tous deux, le cœur navré de compassion, que sont devenus nos pauvres voisins ?

— Ils n'existent plus sous la forme qu'ils avaient autrefois, dit le mystérieux voyageur de sa voix grave et sonore. » Un roulement de tonnerre répondit à ces mots, comme un écho lointain. « La vie, chez eux, n'avait plus ni utilité ni beauté ; car il ne leur arriva jamais d'adoucir ni de consoler les peines de leurs semblables. Ils n'avaient conservé au fond de leurs cœurs aucun sentiment humain ; c'est pourquoi le lac, autrefois maître de cette place, a recouvré son ancien domaine pour réfléchir la vue du ciel.

—Et quant aux fous qui habitaient là-bas, ajouta Vif-Argent en riant sous cape, ils sont tous changés en poissons. La transformation a dû s'exécuter on ne peut plus facilement sur une race de misérables dont le cœur était recouvert d'écailles, et dont le sang était glacé dans les veines. Ainsi, bonne mère Baucis, toutes les fois que vous et votre mari vous aurez envie de manger une truite, il jettera sa ligne et pêchera à son aise une demi-douzaine de vos anciens voisins !

— Ah ! s'écria Baucis en frissonnant, je ne voudrais pas, pour tout l'or du monde, en mettre une seule sur le gril.

— Assurément, répéta Philémon, sur les traits de qui se peignit une vive répulsion, nous ne pourrions jamais en manger !

— Quant à vous, mon bon Philémon, poursuivit le vénérable personnage, et vous, excellente Baucis, vous avez si cordialement, avec des ressources si bornées, exercé l'hospitalité envers les passants privés d'asile, que votre lait est devenu une source intarissable de nectar, que votre pain et votre miel se sont changés en ambroisie. Des divinités sont venues s'asseoir à votre table, et se sont rassasiées des mêmes mets servis à leurs festins sur le mont Olympe. Vous avez bien agi, mes bons et vieux amis. Je veux vous récompenser et vous accorder tout ce que votre cœur peut désirer. »

Philémon et Baucis se consultèrent du regard; puis je ne sais lequel prit la parole, mais l'un d'eux exprima le vœu de leur amour réciproque.

« Laissez-nous vivre ensemble et mourir au même instant; car nous nous sommes toujours aimés ! »

— Qu'il en soit ainsi ! répliqua l'étranger avec une bonté majestueuse. A présent, regardez votre chaumière ! »

Quel changement s'était opéré ! Et quelle fut leur surprise à la vue d'un beau palais de marbre blanc, orné d'un large portique, au lieu même où s'élevait leur pauvre cabane !

« Voila dorénavant votre séjour, dit l'étranger en fixant sur eux un regard paternel. Exercez-y l'hospitalité comme vous l'avez fait envers nous, hier soir, dans votre humble chaumière ! »

Les deux bons vieillards tombèrent à genoux pour lui exprimer leur reconnaissance ! Mais leur bienfaiteur et Vif-Argent avaient disparu....

A partir de ce jour, Philémon et Baucis habitèrent ce beau palais de marbre, jouissant en paix d'une satisfaction bien vive, quand il leur arrivait de recevoir les voyageurs qui passaient de ce côté. La cruche au lait, je ne dois pas oublier de le dire, conserva le don de ne jamais rester vide. Toutes les fois qu'un hôte au cœur généreux et loyal se versait une tasse de son contenu, il proclamait invariablement qu'il n'avait jamais approché de ses lèvres une boisson aussi douce et aussi fortifiante; mais si, au contraire, c'était un avare égoïste et bourru qui voulait y goûter, il ne manquait pas de faire une grimace abominable, en accusant le vase de contenir du lait aigre et tourné.

Philémon et Baucis, déjà centenaires, vécurent bien longtemps encore dans ce magnifique palais. Leur vieillesse se prolongea d'année en année. A la fin cependant, une certaine matinée d'été, ils n'assistèrent pas au réveil des hôtes qu'ils avaient accueillis le soir précédent de leur sourire hospitalier. Au déjeuner, point de Philémon ni de Baucis. On les chercha dans toutes les parties du vaste palais, mais en vain. L'inquiétude était au comble, lorsqu'on aperçut, en face du portique, deux arbres que personne ne se rappelait y avoir vus la veille. Leurs racines étaient profondément attachées à la terre, et leur feuillage immense ombrageait la façade de l'édifice. L'un était un chêne, et l'autre un tilleul. Leurs rameaux étaient entrelacés et s'étreignaient de telle façon que chaque arbre semblait vivre de la séve de l'autre beaucoup plus que de la sienne.

Les hôtes s'émerveillaient devant cette végétation extraordinaire, qui devait avoir exigé au moins un siècle pour arriver à une pareille croissance. Ils se demandaient comment un chêne et un tilleul avaient pu, dans une seule nuit, atteindre de telles proportions. Pendant qu'ils se livraient à ces réflexions, la brise vint ébranler d'un léger souffle leur feuillage enlacé ; et l'on entendit dans l'air un murmure sourd et profond, et comme la voix des deux arbres mystérieux.

« Je suis Philémon ! frémissait le zéphyr dans les feuilles du vieux chêne.

— Je suis Baucis ! » répétait doucement le tilleul.

Le vent grandissant de plus en plus, les deux arbres murmurèrent à la fois les noms de Philémon et Baucis! On eût dit que tous les deux n'étaient plus qu'un, et que chacun était deux, et qu'ils causaient ensemble de la profondeur de leur amour mutuel. Il était évident que le couple centenaire avait renouvelé sa vie, et avait encore à jouir de quelques siècles de paix et de bonheur sous la forme d'un chêne et d'un tilleul. Quelle ombre hospitalière ils étendaient autour d'eux! Toutes les fois qu'un passant se reposait sous leurs branches, un doux bruissement au-dessus de sa tête se traduisait par ces mots:

« Sois le bienvenu, cher voyageur, le bienvenu en ces lieux! »

Plus tard, une âme généreuse, parfaitement au courant de ce qui aurait su plaire à Philémon et à Baucis, construisit autour de leur double tronc un banc circulaire où venait s'asseoir le voyageur fatigué, qui étanchait sa soif à la *Cruche miraculeuse*.

« Que n'avons-nous, à notre tour, et maintenant même, cette source divine à notre disposition?

— Combien tenait la cruche? demanda Joli-Bois.

— Environ deux pintes, répondit l'écolier; mais

tu en aurais tiré plus d'un tonneau, si tu avais voulu, puisqu'elle ne tarissait jamais, même au cœur de l'été. On ne pourrait pas en dire autant de ce petit ruisseau qui serpente là-bas en murmurant sur les cailloux.

— Et aujourd'hui, qu'est-elle devenue? demanda encore l'enfant.

— Elle a été brisée, il y a à peu près vingt-cinq mille ans. On l'a raccommodée aussi parfaitement que possible; mais, quoiqu'elle pût garder assez bien le lait, elle perdit désormais la faculté de se remplir d'elle-même, et depuis lors elle ne fut pas meilleure qu'aucune autre cruche de terre fêlée.

— Quel dommage! » s'écrièrent les enfants tous à la fois.

Le respectable chien Ben avait suivi la compagnie, de même qu'un jeune chien terre-neuve, répondant au nom de Martin, parce qu'il était noir comme un ours. Ben, d'un âge plus raisonnable et d'habitudes plus circonspectes, fut gracieusement requis par Eustache de rester en arrière, avec les quatre plus petits enfants, afin de les préserver de tout accident. Quant à Martin, qui n'était lui-même qu'un jeune étourdi, l'écolier jugea prudent de le prendre avec lui, de peur que, dans ses folies, il ne culbutât les retardataires et ne les fît rouler au bas de la colline. Après avoir obtenu de Primevère, de Joli-Bois, de Bouton-d'Or et de Fleur-des-Pois, de s'asseoir bien tranquillement à l'endroit où il les avait amenés, Eustache, suivi de Primerose et des plus âgés, continua son ascension et disparut bientôt au milieu des arbres.

LA CHIMÈRE

AU SOMMET DE LA COLLINE.

Eustache Bright et ses compagnons gravirent le coteau escarpé et garni d'arbres. Le feuillage n'était pas encore développé, mais les feuilles étaient déjà assez nombreuses pour répandre une ombre légère, tandis que le soleil faisait briller leur tendre verdure. On voyait des pointes de rocher couvertes de mousse et à moitié cachées sous les feuilles mortes; des troncs d'arbres pourris, gisant aux lieux mêmes où ils étaient tombés longtemps auparavant; des rameaux desséchés, abattus par le vent d'hiver et éparpillés de tous côtés. Cependant, bien que les années y eussent partout marqué leurs traces, les bois avaient un air de jeunesse et exhalaient une vie nouvelle. De toute part, quelque chose de frais et de vert s'épanouissait à la surface du sol et annonçait la venue du printemps.

A la fin, les petits aventureux atteignirent l'extrémité de la lisière boisée, et parvinrent presque au sommet de la colline. Ce n'était ni un pic, ni une cime arrondie comme une balle, mais une plaine assez étendue, un plateau où se trouvait, à une certaine distance, une maison avec une grange. Une famille en avait fait son habitation solitaire. Parfois les nuages s'entr'ouvraient au-dessous de ce plateau pour remplir la vallée de torrents de pluie ou de rafales de neige, sans toucher l'endroit dont nous parlons.

Sur le point le plus élevé de la colline, était un monceau de pierres, au centre duquel on avait planté une longue perche, et au bout de cette perche flottait un petit drapeau. Eustache y conduisit les enfants, et leur dit de regarder tout autour d'eux, pour voir quelle étendue ils pouvaient embrasser d'un seul coup d'œil. Chacun ouvrit ses yeux aussi grands que possible.

Monument-Mountain, vers le midi, formait toujours le point central du tableau, mais semblait s'être affaissé de manière à ne plus dépasser les autres montagnes. Dans le lointain, la chaîne du Taconil apparaissait plus haute et plus étendue que lorsqu'on l'apercevait d'un endroit moins élevé; non-seulement on voyait le joli petit lac de Tanglewood avec ses petites baies et ses petits promontoires, mais encore deux ou trois autres qui regardaient le soleil de leurs yeux bleus. Plusieurs villages à maisons blanches, chacun avec son clocher, étaient épars çà et là dans le lointain. A l'horizon se dessinaient tant de formes de bois, de pâturages, de prairies et de terres labourables, que l'esprit des enfants pouvait à peine saisir tout ce que leur vue embrassait. Tanglewood, que ses jeunes hôtes avaient jusqu'alors considéré comme un des points les plus importants du globe, occupait un espace si étroit, que leurs yeux s'égaraient de côté et d'autre, et se fatiguaient avant de le découvrir.

Des nuages blancs et floconneux couraient dans l'air, en promenant sur le paysage l'ombre de leur silhouette. Peu à peu les rayons du soleil éclairaient l'endroit que l'ombre venait d'occuper, tandis que les nuages la répandaient ailleurs.

Au loin, du côté de l'ouest, s'élevait une chaîne de montagnes qu'Eustache Bright dit aux enfants s'appeler les *Catskills*. Parmi ces pics brumeux il y avait, prétendait-il, un réduit écarté, où quelques vieux Hollandais jouaient éternellement aux quilles; où un paresseux incorrigible, nommé Rip Van Winkle, s'était endormi, et avait prolongé son sommeil pendant sept années consécutives. Les enfants prièrent avec instance Eustache de leur apprendre l'histoire de ce dormeur prodigieux; mais il objecta qu'elle avait déjà été racontée, et beaucoup mieux qu'elle ne le pourrait jamais l'être. Il ajoutait que personne n'avait le droit de changer un seul mot à cette histoire, tant qu'elle ne serait pas aussi vieille que la *Tête de la Gorgone*, les *Trois Pommes d'Or*, et le reste de ces légendes miraculeuses.

« Au moins, insista Pervenche, pendant que nous nous reposons et que nous regardons autour de nous, vous pouvez nous amuser de quelques-uns de vos propres contes.

— Oh! oui, cousin Eustache, s'écria Primerose, suivez mon conseil et dites-nous une de vos singulières histoires. Choisissez le sujet le plus élevé que vous trouverez, et votre imagination se mettra probablement de niveau ; l'air des montagnes vous rendra peut-être poétique pour cette fois. Peu importe que cette histoire soit étrange et merveilleuse : maintenant que nous sommes au milieu des nuages, nous croirons tout ce que vous nous direz.

— Eh bien! pouvez-vous croire qu'il exista un cheval qui avait des ailes?

— Certainement, dit l'espiègle Primerose, mais je crains fort que vous ne puissiez pas l'attraper.

— Quant à cela, Primerose, je pourrais très-bien m'emparer de Pégase et monter sur son dos, aussi bien qu'une douzaine d'individus que je connais. En tout cas, voici une histoire à son sujet. De tous les endroits du monde, c'est indubitablement sur la cime d'une montagne qu'on doit la raconter. »

Et s'étant assis sur un tas de pierres, au bas duquel étaient groupés les enfants, Eustache fixa ses yeux sur un gros nuage qui glissait dans l'espace, et commença comme il suit.

LA CHIMÈRE.

Il y avait une fois, à une époque qui se perd dans la nuit des temps (car tout ce que je vous raconte est effacé depuis des siècles de la mémoire des hommes), il y avait une fontaine dont la source jaillissait d'une colline de la Grèce, ce pays des merveilles ; autant que je puis le savoir après des milliers d'années, elle coule encore, et toujours au même endroit. En tout cas, elle versait, comme à l'ordinaire, ses eaux fraîches et bouillonnantes, que le soleil couchant semblait couvrir de paillettes dorées, quand arriva près de ses bords un beau jeune homme appelé Bellérophon. Il avait à la main une bride incrustée de pierres précieuses et garnie d'un mors du métal le plus riche : vous devinez que c'était de l'or. Apercevant sur la rive un vieillard, un homme d'un âge mur, un enfant, et une jeune fille qui remplissait sa cruche, il s'arrêta, et demanda à cette dernière s'il ne pourrait pas se désaltérer un peu.

« Voilà une eau délicieuse, » s'écria-t-il après avoir bu, en jetant le reste de la cruche. Puis, l'ayant remplie de nouveau : « Voulez-vous être assez bonne pour me dire comment vous appelez cette fontaine ?

— Elle porte le nom de Pirène ; ma grand'mère m'a assuré que cette fontaine avait été jadis une femme célèbre ; son fils ayant été tué à coups de flèches par Diane la Chasseresse, tout son corps se fondit en une source de larmes. Ainsi cette eau, que vous trouvez si fraîche et si agréable, ce sont les larmes d'une malheureuse mère !

— Je n'aurais jamais imaginé, répondit le jeune étranger, qu'une eau si transparente, au murmure si doux et si mélodieux, et qui paraît se livrer à de si joyeux ébats sous les rayons du soleil, pût renfermer une seule larme dans son sein ! C'est donc ici la fontaine de Pirène ? Je vous remercie, ma jolie fille, de m'avoir appris son nom. Je viens d'un pays lointain, précisément pour visiter ces lieux. »

L'homme entre deux âges, qui avait amené là sa vache pour l'y faire boire, regarda avec étonnement le jeune homme, ainsi que la bride qu'il portait à la main, et lui dit :

« Les ruisseaux doivent être bien bas, mon ami,

« Voilà une eau délicieuse »... (*La chimère.*)

dans le pays que vous habitez, si vous venez de si loin pour trouver la fontaine de Pirène. Mais auriez-vous perdu un cheval? D'où vient que vous avez une bride à la main? et une belle bride encore! toute ornée de pierres précieuses. Si le cheval était aussi magnifique que cette bride, vous êtes vraiment bien à plaindre!

— Je n'ai pas perdu de cheval, répondit celui-ci en poussant un soupir; mais je suis à la recherche d'un coursier fameux qu'on doit trouver en cet endroit, si jamais il est possible de le rencontrer. Savez-vous si Pégase, le cheval ailé, fréquente encore quelquefois la fontaine de Pirène, comme il le faisait au temps de vos aïeux? »

A ces mots, le villageois se mit à rire.

Quelqu'un de vous, mes petits amis, a peut-être entendu dire que ce Pégase était un coursier blanc comme la neige, dont les admirables ailes avaient des reflets argentés, et qui passait la plupart du temps sur le sommet du mont Hélicon. Aussi sauvage, aussi agile, aussi fier, en franchissant l'espace, que l'aigle le plus audacieux qui s'élève au delà des nues, il n'y avait rien de comparable à lui dans toute la création. Seul de son espèce, aucun mortel ne l'avait jamais monté; le frein lui était inconnu, et, pendant une longue série d'années, il avait mené une vie heureuse et solitaire.

Oh! quelle belle chose cela doit être, qu'un cheval ayant des ailes! Dormant la nuit sur la cime d'une montagne; pendant la journée, libre dans son essor, Pégase semblait à peine une créature terrestre. En l'apercevant planer au plus haut des airs, avec ses ailes d'argent où venait briller le soleil, on eût pu croire qu'il appartenait au ciel; et, si parfois il s'abaissait dans des régions inférieures, on eût dit qu'égaré au milieu des brouillards de la terre il s'efforçait de chercher sa route. Rien n'était plus beau que de le voir disparaître au sein des nuages, et en ressortir quelques instants après du côté opposé; ou de le regarder, par une pluie orageuse et soudaine, traverser les ténèbres dont le ciel était couvert, et descendre au fond d'une vallée, suivi d'un rayon de soleil comme d'une longue traînée de feu. Bientôt Pégase se dérobait à tous les regards, et avec lui toute trace lumineuse; mais quiconque avait eu le bonheur d'être témoin de cette merveille sentait son cœur s'épanouir, et conservait cette sensation vivifiante longtemps encore après la tempête.

Pendant les plus beaux jours de l'été, Pégase descendait sur la terre, et, pliant ses ailes éclatantes, il se plaisait à galoper par monts et par vaux, rapide comme le vent. Il choisissait de préférence la fontaine de Pirène, et venait se désaltérer dans son onde transparente, ou se rouler sur le gazon moelleux qui entourait ses bords. Parfois aussi, bien que difficile dans sa nourriture, il y broutait quelques jeunes pousses de trèfle.

C'est ce qui explique comment les ancêtres des gens d'alors avaient conservé la croyance aux chevaux ailés. Aussi se rendaient-ils, pendant leurs belles années, à la fontaine de Pirène, dans l'espoir de jouir un instant de cette apparition magnifique. Dans la suite on ne l'avait que bien rarement aperçu. A l'époque dont nous parlons, non-seulement ceux qui habitaient les environs de la fontaine ne l'avaient jamais vu, mais la plupart ne croyaient pas même à son existence; et le villageois auquel Bellérophon adressa la parole était du nombre de ces incrédules.

« Pégase! s'écria-t-il en riant et en levant le nez aussi haut qu'un nez aussi camard que le sien ait jamais pu se lever. Ah! oui, vraiment! Un cheval avec des ailes! Avez-vous perdu la tête, l'ami? A quoi donc serviraient des ailes à un cheval? Croyez-vous que ça l'aiderait à tirer la charrue? Il est vrai que pour le ferrage il y aurait économie, je ne dis pas non; mais comme le charretier serait content de voir son cheval s'envoler par la fenêtre de l'écurie et galoper en l'air, quand il en a besoin pour aller au moulin! Non, non, non! Je ne crois pas à Pégase. Un animal aussi ridicule n'a jamais existé.

— J'ai des raisons pour croire le contraire, » répliqua Bellérophon tranquillement.

Puis il se tourna vers le vieillard à cheveux blancs qui, appuyé sur son bâton, la tête inclinée et la main derrière l'oreille, car il était sourd depuis vingt ans, écoutait avec la plus grande attention les paroles du villageois.

« Homme vénérable, quelle est votre opinion ? lui demanda l'étranger. N'avez-vous pas, dans votre jeunesse, vu plus d'une fois le coursier aux ailes puissantes ?

— Ah ! ma mémoire est bien pauvre ! répondit le vieillard. A votre âge, je m'en souviens, je me persuadais qu'il existait un cheval semblable, et telle était l'illusion de tout le monde. Mais au jour d'aujourd'hui, je ne sais plus qu'en penser ; et d'ailleurs, c'est bien la chose du monde qui m'intéresse le moins. Si j'ai vu ce phénomène, il y a bien, bien longtemps de cela ; et, vrai comme je vous le dis, je doute à cette heure si je ne l'ai pas rêvé. Un jour, certainement, j'étais tout jeune alors, je me rappelle avoir remarqué des traces de pas de cheval autour de la fontaine. C'étaient peut-être ceux de Pégase ; ce pouvaient être aussi bien les pas d'un autre cheval.

— Ma chère, dit Bellérophon en s'adressant à la jeune fille qui se tenait debout avec sa cruche sur la tête, écoutant la conversation, si quelqu'un a pu voir Pégase, à coup sûr c'est vous, car vos yeux sont beaux et brillants !

— J'ai cru le voir une fois, répondit-elle en souriant et la rougeur au front. C'était ou Pégase, ou un énorme oiseau blanc qui volait à une grande hauteur. Une autre fois, comme je venais à la fontaine, j'entendis un hennissement. Mais quel hennissement vif et mélodieux ! Mon cœur en bondit de transport. J'eus presque peur cependant, et je revins en courant à la maison sans avoir rempli ma cruche.

— Quel dommage ! » dit Bellérophon.

Puis il se tourna vers l'enfant dont j'ai parlé au commencement de ce récit, et qui était devant lui tout yeux et tout oreilles, comme sont souvent les enfants en présence d'étrangers.

« Et toi, mon petit camarade, lui dit-il en jouant avec une boucle de ses cheveux, je suppose que tu as souvent vu le cheval dont nous parlons ?

— Oh ! que oui ! répondit l'enfant ; je l'ai vu pas plus tard qu'hier, et bien des fois auparavant.

— Voilà un brave petit homme ! s'écria Bellérophon en s'approchant de lui. Voyons, conte-moi ce que tu as vu.

— Vous saurez donc que je viens souvent ici lancer de petits bateaux, et ramasser de jolis cailloux dans le bassin de la fontaine ; alors quelquefois, quand je regarde au fond, je vois l'image du cheval ailé sur le ciel qui est dans l'eau. Comme je voudrais qu'il descendît et qu'il voulût bien me prendre sur son dos pour monter jusqu'à la lune ! Mais, au moindre mouvement que je fais, il échappe à mes yeux. »

Bellérophon mit sa confiance en l'enfant qui avait vu l'image de Pégase, et en la jeune fille qui avait entendu le hennissement harmonieux, plutôt qu'il ne s'arrêta aux objections du villageois qui ne croyait qu'aux chevaux de trait, ou à l'opinion du vieillard qui doutait aujourd'hui des souvenirs de sa jeunesse.

Il retourna donc souvent à la fontaine de Pirène, et il fixait son attention tantôt vers le ciel, tantôt sur le bassin, espérant toujours apercevoir Pégase ou tout au moins son image. La bride ornée de pierres précieuses et au frein d'or était toute prête dans sa main. Les braves gens du voisinage, qui amenaient leur bétail à la fontaine, raillaient souvent le pauvre Bellérophon, et quelquefois même le prenaient à partie. Ils lui disaient qu'un homme de sa force devait travailler plutôt que de perdre son temps dans l'oisiveté. Ils lui proposaient de lui vendre un cheval, s'il en avait besoin ; et, quand il déclinait leurs offres, ils essayaient d'entrer avec lui en marché pour lui acheter sa bride.

Jusqu'aux petits garçons des hameaux d'alentour, qui, le supposant devenu fou, s'en amusaient et le ridiculisaient. Un de ces vauriens, par exemple, imagina de remplir le rôle de Pégase en singeant les gambades les plus comiques et en feignant d'être poursuivi. En même temps, un de ses camarades courait de toutes ses forces après lui, avec une espèce de corde de joncs à la main pour figurer la bride aux pierres précieuses. Mais, d'un autre côté, le gracieux enfant qui avait vu Pégase au fond de la source consolait l'étranger plus que tous ces espiègles n'étaient capables de le tourmenter. Cet aimable petit compagnon venait s'asseoir auprès de lui pendant ses heures de récréation, et, sans rien dire, ne quittait pas des yeux la surface de l'onde ou la voûte du ciel, avec une bonne foi si innocente, que Bellérophon sentait renaître son espérance.

Or, vous voudrez peut-être savoir pourquoi celui-ci avait tant à cœur de s'emparer du cheval ailé; et nous n'aurons jamais une meilleure occasion d'en parler que pendant que notre héros est occupé à l'attendre.

Si je devais vous raconter en détail les premières aventures de Bellérophon, cela nous entraînerait trop loin. Il suffira de vous apprendre que, dans une certaine contrée d'Asie, il y avait un monstre appelé Chimère, qui répandait la terreur dans les environs. Vous dire tous les méfaits de ce monstre me prendrait plus de temps qu'il ne s'en écoulera d'ici au coucher du soleil. Si je me fie aux documents qui me sont parvenus, la Chimère était la créature la plus horrible, la plus venimeuse, la plus étrange, la plus indescriptible, la plus dangereuse à combattre et la plus difficile à éviter qui eût jamais apparu sur la terre. Elle avait une queue semblable à celle du boa constrictor ; son corps défiait toute comparaison avec ce que je pourrais imaginer. Une triple tête se dressait sur ce corps : une tête de lion, une tête de bouc et une tête de serpent abominable. Des trois gueules s'élançait un tourbillon de feu et de fumée. Monstre terrestre, je ne suis pas bien sûr qu'il n'avait pas des ailes ; mais, qu'il eût des ailes ou non, sa course était celle d'un bouc et d'un lion, il rampait comme un reptile, et ces différentes allures combinées lui donnaient une vitesse égale à celle de ces trois animaux réunis.

Quant aux horreurs que ce monstre odieux commettait de tous côtés, on n'en a pas idée ; il pouvait de son souffle embrasé réduire en cendres tantôt une forêt entière, tantôt un champ de blé ou un village avec tous ses enclos et ses maisons. Il ravageait de fond en comble une province, dévorait vivants les habitants, les animaux ; et, une fois avalés, il les rôtissait dans sa panse, comme dans un four chauffé à rouge. Miséricorde ! mes petits enfants, je fais des vœux pour qu'il ne vous arrive jamais de rencontrer une Chimère !

Tandis que cette bête épouvantable (si je puis lui accorder le nom de bête) occasionnait tant de désastres, le hasard voulut que Bellérophon passât dans

cette partie du monde pour faire une visite au roi.
Le monarque s'appelait Jobate, et la Lycie était le
pays soumis à sa puissance. Bellérophon était un des
plus valeureux mortels qui eussent jamais existé,
n'ayant d'autre passion que d'accomplir des exploits
glorieux et d'acquérir l'admiration et la reconnaissance de l'humanité. A cette époque, le seul moyen
de se distinguer, c'était de combattre, soit les enne-
mis de sa patrie, soit d'énormes géants, de terribles
dragons ou des animaux féroces, quand il n'y avait
rien de plus périlleux à entreprendre. Le roi Jobate,
prenant en haute estime la vaillance de son jeune
visiteur, lui proposa d'armer son bras contre la
Chimère, qui jetait l'épouvante dans tous les cœurs,
et qui, si l'on ne parvenait à s'en débarrasser,
convertirait bientôt la Lycie en un affreux désert. Notre héros n'hésita pas un moment, et déclara au roi que la Chimère succomberait sous ses
coups, ou qu'il perdrait la vie en essayant de la
combattre.

Sa première réflexion fut qu'en raison de l'extraordinaire vivacité du monstre il n'en triomphe-
rait jamais en combattant à pied. Le plus sage parti
était donc de se procurer le cheval le plus vigoureux
et le plus léger. Quel autre réunissait des qualités
de ce genre supérieures à celles de Pégase, qui,
outre des jambes excellentes, avait aussi des ailes,
et dont la rapidité se déployait dans l'air encore

bien plus qu'à travers champs? Certes, bon nombre de personnes niaient l'existence d'un tel animal, et répétaient que ses prétendues ailes n'étaient que des fictions poétiques, des inventions absurdes. Cependant, quelque prodigieux que ces récits lui parussent, Bellérophon ne doutait point qu'ils ne renfermassent la vérité. Pourquoi ne serait-il pas assez heureux pour rencontrer Pégase? et, une fois sur son dos, il espérait triompher de la Chimère.

Ces raisonnements le décidèrent à faire le voyage de Grèce, et nous l'y trouvons arrivé avec la bride splendide que vous savez, et qui était une bride enchantée. S'il avait seulement la chance d'introduire le mors dans la bouche de Pégase, celui-ci serait tout d'un coup dompté, le reconnaîtrait pour son maître, et exécuterait dans son vol toutes les indications du frein.

Mais quelle fatigue et quel ennui, d'attendre que Pégase vînt boire à la fontaine de Pirène! Notre héros redoutait que le roi Jobate ne l'accusât d'avoir pris la fuite devant son ennemi. En outre, son cœur se serrait au souvenir des ravages qui désolaient un royaume, pendant que lui, au lieu de combattre, demeurait dans un repos inutile. Comme Pégase avait visité ces lieux à des intervalles très-rares depuis bien des années, et s'y montrait à peine une fois dans l'espace d'une vie d'homme,

Bellérophon tremblait de voir en vain s'écouler sa jeunesse, de sentir la vigueur de son bras et l'énergie de son courage s'épuiser peu à peu. Oh ! que le temps passe avec lenteur, quand un héros brûle de jouer un rôle sur la scène du monde et de se couvrir de lauriers ! Quelle leçon que celle de l'attente ! La durée de notre vie n'est qu'un songe ; mais combien il nous en coûte pour profiter de ce triste enseignement !

Bellérophon eut le bonheur d'inspirer au gentil petit garçon un affectueux attachement. L'enfant ne se lassait jamais de lui tenir compagnie. Chaque matin il savait ranimer dans l'âme de son ami la lueur d'espérance qui s'était affaiblie la veille.

« Cher Bellérophon, lui criait-il en levant sur lui un regard plein de confiance, je crois que nous verrons Pégase aujourd'hui ! »

Sans la consolante assurance de son petit conseiller, Bellérophon, à bout de patience, fût reparti pour la Lycie, ou eût tenté de livrer bataille à la Chimère sans l'assistance du cheval ailé. Mais alors il s'exposait à être brûlé par le souffle du monstre, et il eût succombé sous ses horribles griffes.

Règle générale et absolue : personne ne doit attaquer une Chimère, née du limon des abîmes, sans s'être, au préalable, pourvu d'un auxiliaire aérien.

Un jour, l'enfant prit la parole avec plus de fermeté que d'habitude :

« Mon cher Bellérophon, je ne sais pourquoi, mais quelque chose me dit que nous allons certainement voir Pégase aujourd'hui ! »

Et de toute la journée il ne voulut pas le quitter une minute. Ils commencèrent par se partager une croûte de pain, et burent à la fontaine. Dans l'après-midi, ils étaient toujours assis l'un à côté de l'autre, Bellérophon, le bras passé autour du cou de l'enfant, et celui-ci une main dans celle de son ami. Ce dernier, absorbé dans de vagues méditations, laissait errer sa vue parmi les arbres qui ombrageaient la fontaine et parmi les pampres qui s'enlaçaient à leurs branches ; mais le tendre petit garçon tenait les yeux fixés sans relâche sur la surface de l'eau. Il souffrait à la pensée que le soir allait peut-être apporter une déception nouvelle à celui qui inspirait à sa jeune âme un dévouement si pur. Quelques larmes s'échappèrent de ses paupières, et vinrent se mêler au torrent de pleurs versé jadis par Pirène sur le cadavre de ses enfants.

Au moment où il y songeait le moins, Bellérophon sentit une petite pression de main, et entendit une douce voix qui lui murmurait tout bas à l'oreille :

« Tiens ! regarde ici ! Vois-tu une image au fond de l'eau ? »

Il plongea son regard dans le miroir de la fontaine et crut distinguer la réflexion d'un oiseau planant au plus haut des airs. Les ailes, d'une blancheur de cygne ou d'un éclat argenté, scintillaient aux rayons du soleil.

« Quel oiseau magnifique cela doit être! s'écria-t-il; et comme il paraît grand, bien qu'il vole au-dessus des nuages!

— Je tremble! chuchota l'enfant. J'ai peur de quitter l'eau pour examiner le ciel! Il est ravissant de beauté, et pourtant je n'ose contempler que son image. Cher ami, ne voyez-vous pas que ce n'est pas un oiseau, mais Pégase, le cheval aux ailes rapides? »

Le cœur de Bellérophon battit avec violence; il leva vivement les yeux, mais il n'aperçut rien, ni oiseau ni coursier. En effet, à ce moment même, il s'était perdu dans les profondeurs d'un grand nuage blanc. Quelques minutes après, l'apparition sembla se montrer de nouveau et descendre un peu, bien que toujours à une énorme distance. Bellérophon saisit l'enfant dans ses bras, et s'enfonça précipitamment au milieu des broussailles qui croissaient autour de la fontaine. Sa seule crainte était que, si Pégase les entrevoyait une seconde, il ne s'envolât dans des régions infinies, ou sur la cime de quelque montagne inaccessible : car c'était bien en réalité le sublime cheval aux ailes resplendissantes qu'il avait attendu si longtemps ; oui, c'était bien lui qui venait se désaltérer à la source de Pirène.

La merveille de l'air approchait de plus en plus, décrivant dans son vol de grands cercles, comme font les colombes au moment de s'abattre sur la terre. Plus il descendait, plus sa beauté était frappante et plus ses ailes étincelaient. Enfin il se pose avec une telle légèreté, que son pied effleure à peine l'herbe qui croissait autour de la fontaine, et imprime faiblement sa trace sur le sable du rivage. Il allonge la tête et commence à boire. Il entre dans le bassin, poussant de longs et doux gémissements, prend des attitudes gracieuses et tranquilles, puis hume une gorgée de temps en temps, çà et là, en la savourant délicatement : car, de toutes les eaux que lui offraient la terre et les nuages, celle de Pirène était la seule où Pégase aimât à se désaltérer. Sa soif une fois satisfaite, il tondit quelques fleurs parfumées de petit trèfle, sans en faire toutefois un repas copieux, car il y avait sur les flancs de l'Hélicon de frais pâturages, arrosés seulement par les nues, et qui convenaient bien mieux que cette herbe commune à la finesse de son palais.

Après qu'il se fut complétement désaltéré et qu'il eut brouté quelques brins d'herbe vulgaire, le coursier ailé se mit à bondir et à se livrer à mille ébats folâtres. Jamais créature aussi harmonieuse dans ses mouvements n'avait existé sur la terre. Il était là, caracolant avec une grâce dont la seule pensée me ravit, secouant ses longues ailes avec la prestesse d'un linot; prenant ses élans, tantôt sur le sol, tantôt dans les airs. Je ne saurais vraiment affirmer s'il volait ou s'il galopait. Parfois un être ailé a la fantaisie de courir, seulement par récréation; ainsi faisait Pégase, bien qu'il lui répugnât un peu de poser ses pieds si près de la terre. Cependant le jeune homme, sans quitter la main de l'enfant, regardait à travers le buisson et pensait qu'il n'avait jamais vu de formes si parfaites, jamais observé dans un cheval un œil aussi vif et aussi plein d'intelligence. C'était presque un crime de songer à lui imposer une bride et à monter sur son dos.

Une ou deux fois Pégase s'arrêta, aspira fortement l'air, dressa les oreilles en tournant la tête de tous côtés, comme s'il eût soupçonné quelque piége ou quelque malheur. Cependant, ne voyant et n'entendant rien, il recommençait bientôt ses folies.

A la fin, non qu'il fût fatigué, mais seulement porté pour un instant à la mollesse et à l'oisiveté, il replia ses ailes et s'étendit sur la verdure. Habitué à vivre dans les régions éthérées, il ne put demeurer en repos. Il se roula plusieurs fois, en levant en l'air ses quatre jambes fines et nerveuses. Qu'il était beau à contempler, ce cheval dont le pareil n'avait jamais été créé, mais qui, ne souffrant pas de son isolement, avait déjà vécu plusieurs centaines d'années, en jouissant d'un bonheur égal à la longueur des siècles! Plus il s'abandonnait aux mouvements d'un cheval ordinaire, et plus il paraissait merveilleux. Bellérophon et l'enfant demeuraient immobiles, sous l'empire d'une certaine terreur mêlée d'admiration, et surtout parce qu'ils craignaient qu'au moindre mouvement il ne prît la fuite et ne s'envolât jusqu'aux cieux.

Bref, après s'être tourné et retourné à sa guise, Pégase, comme un autre cheval, s'apprête à se relever, en étendant ses jambes de devant l'une après l'autre, et en les posant sur le sol. Bellérophon a deviné son intention..... Il s'élance soudain du buisson, et le voilà en croupe.

Il était enfin parvenu à se rendre maître du coursier ailé.

Mais quel bond fit Pégase, quand pour la première fois il se sentit presser les flancs par un mortel! Quel bond immense! Avant d'avoir pu respirer, le héros se trouva à cinq cents pieds dans l'espace, montant, montant toujours, pendant que Pégase étouffait de dépit et de colère. L'ascension continua ainsi jusqu'au moment où ils pénétrèrent au milieu d'un nuage épais, que quelques instants auparavant le jeune aventurier supposait être un délicieux endroit. Du sein de ce nuage, Pégase fondit de nouveau, avec la promptitude de la foudre, et se précipita comme s'il eût voulu se broyer

Le voilà en croupe. (*La chimère*)

sur les rochers avec son cavalier. Enfin il exécuta plus de mille cabrioles, les plus extravagantes qu'aient jamais faites un cheval et un oiseau.

Il m'est impossible de vous décrire cette course effrénée au milieu des nues ; Pégase glissait dans l'espace, à droite, à gauche, en arrière. Il se tenait debout, les jambes de devant sur une couronne de vapeurs, celles de derrière sans aucun point d'appui. Il lançait des ruades terribles, et mettait ses naseaux entre ses pieds, en déployant ses ailes. A une lieue environ au-dessus de la terre, il se renversa en se cabrant, de manière que Bellérophon avait les talons où il devait avoir la tête, et voyait le ciel en bas au lieu de le voir en haut. Puis il se pencha de côté ; et, regardant l'audacieux en face, avec des yeux remplis d'éclairs, il tenta un suprême et vain effort pour le mordre, et agita ses ailes avec tant de violence et de fureur, qu'une de ses plumes d'argent s'arracha, et vint tomber dans un champ où notre petit garçon la recueillit. Il la garda toute sa vie, en mémoire de Pégase et de Bellérophon.

Ce dernier, le meilleur écuyer qui eût jamais vécu, épiait le moment le plus opportun pour introduire le frein d'or dans la bouche du coursier. Il y réussit, et, à l'instant même, Pégase devint aussi soumis que s'il eût reçu toute sa vie sa nourriture de la main de son vainqueur. Je ne vous déguiserai pas mon émotion ; je me sens presque triste en voyant un être aussi sauvage s'apprivoiser ainsi tout à coup. Pégase parut éprouver la même impression. Il dirigea vers Bellérophon des regards non plus enflammés et furieux, mais voilés de larmes, sans perdre leur beauté. Celui-ci lui fit une petite caresse sur le front, et lui adressa quelques paroles d'autorité, mais douces et bienveillantes. Aussitôt une impression différente succéda à la première : car Pégase se réjouissait au fond de son cœur d'avoir rencontré, après tant de siècles de solitude, un compagnon et un maître.

Il en est toujours ainsi avec les coursiers ailés et avec les créatures farouches et isolées. Si vous parvenez à les saisir une fois et à les subjuguer, c'est le plus sûr moyen de gagner leur amour.

Tandis que Pégase faisait tous ses efforts pour renverser Bellérophon, il avait fui à une distance infinie. Il était en vue d'une haute montagne, au moment où le mors s'était introduit dans sa bouche. Le cavalier reconnut l'Hélicon, dont le sommet était ordinairement le séjour du cheval ailé. Après un coup d'œil plein de douceur, comme pour en demander la permission, Pégase se dirigea de ce côté et se posa sur le sol, attendant patiemment qu'il plût à Bellérophon de mettre pied à terre. Le jeune homme descendit vivement, tenant toujours la bride dans sa main. A la vue de sa conquête, enthousiasmé de sa beauté, et réfléchissant à la liberté dont cet être avait joui jusque-là, il ne put supporter plus longtemps de le garder prisonnier.

Cédant à cette généreuse impression, il ôta la bride qu'il avait mise à l'animal.

« Sois libre ! lui dit-il. Va-t'en, Pégase, ou reste par amour. »

A ces mots, le coursier ouvrit de nouveau les ailes, et, prenant son essor, disparut aussitôt dans les nuages. Longtemps après le coucher du soleil, le crépuscule voilait le haut de la montagne, et les ténèbres ensevelissaient tout le pays environnant. Mais Pégase s'était élevé à une hauteur si prodigieuse qu'il retrouvait les rayons de l'astre éteints pour la terre. Un trait lumineux ne cessait de le frapper, et d'en bas le faisait briller comme une étoile. Bientôt ce point lumineux finit par ne plus être visible. Bellérophon avait bien peur de ne plus le revoir. Pendant qu'il se lamentait de sa folie, le point éclatant reparut dans le ciel, grandit et vint atteindre la ligne que n'éclairaient plus les reflets du couchant. Et voilà Pégase revenu ! Après cette épreuve, notre héros n'eut plus de crainte de le voir tenter de s'échapper. Tous deux s'aimaient. Un même lien de foi et d'amour les avait réunis.

Cette nuit-là, ils dormirent l'un à côté de l'autre, Bellérophon le bras autour du cou de Pégase, non par précaution, mais par un mouvement affectueux.

A l'aurore, ils s'éveillèrent et se souhaitèrent le bonjour chacun dans leur langage.

Tous deux passèrent de cette façon plusieurs jours à se témoigner les plus tendres sentiments. Ils entreprenaient des voyages aériens et s'élevaient quelquefois à une hauteur si prodigieuse, que notre planète ne leur paraissait pas plus grosse que la lune ne l'est à nos yeux. Ils visitaient des contrées lointaines, observaient les habitants, qui se figuraient que ce beau jeune homme monté sur un cheval ailé devait descendre des cieux. Bellérophon était ravi de ce nouveau genre d'existence et n'aurait pas mieux demandé que de respirer toujours dans une sphère aussi pure ; car il régnait constamment, dans ces régions, un soleil brillant, en dépit des vapeurs, des brumes et des torrents de pluie qui remplissaient les zones inférieures. Cependant il n'oubliait point la terrible Chimère qu'il avait promis d'exterminer. Aussi, après s'être livré dans les airs à tous les exercices les plus savants de l'équitation, après avoir plié Pégase à tous les mouvements et lui avoir appris à obéir aux inflexions de sa voix, il se détermina à mettre à exécution sa périlleuse entreprise.

Au point du jour, à peine ouvrait-il la paupière, qu'il réveilla son fidèle compagnon en lui pinçant l'oreille. Pégase se leva vivement et prit son élan à peu près à un quart de lieue, pour montrer qu'il était prêt à toute espèce d'expédition. Pendant ce

Très-bien ma vive hirondelle! (*La chimère.*)

court essor, il fit éclater un hennissement harmonieux, et redescendit auprès de Bellérophon avec la prestesse d'un moineau qui se pose sur une petite branche.

« C'est bien, mon cher Pégase ! très-bien, ma vive hirondelle ! s'écria son maître en lui faisant une caresse sur le cou. Et maintenant, coursier rapide, mon bel ami, il faut que nous déjeunions. C'est aujourd'hui que nous allons attaquer la terrible Chimère. »

Aussitôt qu'ils eurent terminé leur frugal repas du matin et bu à une source qu'on appelait Hippocrène, Pégase tendit la tête de sa propre volonté pour recevoir la bride. Dès lors, ce ne fût plus que bonds joyeux, que folles escapades, pour prouver son impatience de partir, pendant que son maître ceignait son glaive, s'armait de son bouclier et faisait ses préparatifs de combat. Quand tout fut prêt, le cavalier sauta sur sa monture, et, suivant son habitude, il se transporta d'abord à une hauteur perpendiculaire de sept ou huit lieues, afin de voir plus clairement quelle route il avait à prendre, et, tournant la tête de Pégase du côté de l'orient, il se dirigea vers la Lycie. Dans leur course, ils atteignirent un aigle, et passèrent si près de lui, que Bellérophon aurait pu facilement le saisir par la patte. Ils voyageaient avec une telle promptitude, qu'ils furent de bonne heure en vue des montagnes de

Lycie remarquables par leurs pics escarpés et par leurs vallées ténébreuses. Si notre héros était bien informé, c'était dans ces lieux sinistres que le monstre avait choisi son antre.

Ils étaient donc arrivés au terme de leur expédition. Le groupe ailé profita de l'obscurité de quelques nuages qui flottaient sur les monts ; ils couraient sur cette masse vaporeuse comme sur une voûte solide. Bellérophon arriva à l'extrémité d'un de ses bords, et de là, plongeant ses regards vers la terre, il vit distinctement des montagnes, en même temps que de sombres vallées ; des rochers à l'aspect sauvage et désolé, des gouffres et des précipices ; dans la partie un peu moins accidentée des environs, quelques ruines de maisons brûlées, quelques débris sanglants de bestiaux, épars çà et là dans les prairies desséchées.

« Ce doit être l'œuvre de la Chimère, pensa Bellérophon. Mais où peut se trouver sa caverne ? »

Il ne voyait rien au fond des vallées et des précipices ; rien, à l'exception de trois colonnes de fumée noire, qui semblaient sortir d'un antre, et qui s'élevaient lentement dans l'atmosphère. Avant de parvenir au sommet de la montagne, ces trois tourbillons se réunissaient pour n'en former qu'un seul. La caverne était située juste au-dessous du point d'observation, à environ mille pieds. La fumée, en s'infiltrant lourdement dans les couches supérieures, dégageait une odeur sulfureuse et suffocante qui fit renâcler Pégase et éternuer Bellérophon. Le premier, habitué à n'aspirer que l'air le plus pur, fut si désagréablement atteint par cette exhalaison, qu'il agita ses ailes et partit comme un trait à une demi-lieue du point infecté.

Cependant, en s'inclinant en arrière, Bellérophon aperçoit quelque chose qui l'engage à tirer la bride et à faire revenir Pégase sur ses pas; il presse les genoux, et le merveilleux animal descend dans l'air jusqu'à ce que ses pieds soient à une très-petite distance du fond de la gorge rocailleuse. A un jet de pierre était l'ouverture de la caverne. De là s'échappaient trois colonnes de vapeur noirâtre. Et vous devinez ce que vit ensuite Bellérophon!

On eût dit un assemblage étrange et terrible de bêtes hideuses repliées les unes sur les autres, dans l'intérieur de l'excavation. Ces corps étaient enlacés au point qu'ils se confondaient aux yeux de Bellérophon; à en juger par l'aspect des têtes, l'une devait appartenir à un immense serpent, la seconde à un lion féroce, et la troisième à un ignoble bouc. Le lion et le bouc sommeillaient; le reptile seul était éveillé, et ouvrait une paire de grands yeux où se peignait une odieuse circonspection. Il était évident que les trois spirales de fumée sortaient des narines de cette triple tête! Ce spectacle était si étrange que, bien qu'il y fût préparé depuis longtemps, notre héros ne pouvait pas se persuader qu'il eût devant lui la terrible Chimère. Il avait bien découvert la caverne, mais il y voyait un serpent, un lion et un bouc. Il se trompait : ces trois animaux séparés ne formaient qu'un seul monstre !

Pendant le sommeil des deux autres parties de ce tout horrible, le serpent serrait dans ses abominables mâchoires les restes d'un pauvre agneau. Qui sait? je frémis d'y songer! peut-être d'un petit garçon bien-aimé, que les deux autres avaient commencé à ronger avant de s'endormir !......

Tout à coup Bellérophon tressaillit comme au sortir d'un rêve : il avait reconnu le monstre qu'il venait combattre. Pégase, de son côté, sembla frappé de la même pensée, et poussa un cri qui retentit comme le son de la trompette guerrière. A cet éclat, la triple tête se dressa de toute sa hauteur, et vomit des torrents enflammés. Son valeureux ennemi eut à peine le temps de songer à ce qu'il devait faire, lorsque le monstre bondit de la caverne dans sa direction, déployant ses griffes immenses et secouant en replis tortueux sa queue venimeuse et piquante. Si Pégase n'eût pas eu la légèreté d'un oiseau, son cavalier et lui auraient été renversés par ce premier choc, et le combat se fût terminé sans lutte sérieuse. Mais le coursier ailé ne se laissait pas surprendre ainsi. En moins d'un clin d'œil, il fendit l'espace à moitié chemin des nuages, en soufflant de colère. Il frissonnait, non de crainte, mais d'horreur, devant ces trois têtes au souffle empoisonné.

Quant à la Chimère, elle se dressa sur l'extrémité de sa queue, brandissant ses ongles et lançant à ses deux adversaires des jets flamboyants. Grands dieux! quels mugissements féroces! quels sifflements aigus!

Cependant Bellérophon affermit son bouclier à son bras et tira son glaive……

« A présent, mon bien-aimé Pégase, murmura-t-il à l'oreille de sa monture, il faut que tu m'aides à mettre fin à tant d'horreurs, ou tu vas retourner seul au sommet de ta montagne favorite; car, ou la Chimère succombera, ou je laisserai ma tête aux dents de ses horribles mâchoires, ma tête qui s'est si souvent déjà reposée près de la tienne! »

L'animal fidèle fit entendre un gémissement. Il se retourna et caressa de ses naseaux la joue de son cavalier : il voulait ainsi lui exprimer qu'il préférait perdre ses ailes et son immortalité, si toutefois l'immortalité pouvait être perdue, plutôt que de lui refuser son concours.

« Merci, Pégase! s'écria Bellérophon; et maintenant, droit au monstre!…. »

En prononçant ces mots, il touche la bride. Pégase se précipite avec la promptitude d'une flèche vers cette hideuse production de la nature, qui cette fois se grandissait de tous ses membres. Bellérophon, s'en étant approché à la longueur du bras, lui asséna un coup violent ; mais en même temps il se sentit entraîné à une grande distance, avant d'avoir eu le temps de vérifier si son arme avait porté. Pégase, sans s'arrêter, décrivit des cercles à une grande hauteur. Bellérophon s'aperçut alors qu'il avait tranché la tête de bouc. Elle était renversée, ne tenant plus qu'à la peau, et paraissait inanimée. Mais, en revanche, celle de lion et celle de serpent avaient repris la férocité de la première. Elles se mirent à siffler et à rugir avec une double rage.

« Allons toujours, mon brave Pégase ! encore un effort semblable, et nous arrêterons les cris de l'horrible bête dans son autre gosier. »

Le cheval part comme un trait.

Un second coup frappe une des deux têtes. Mais cette fois, ce ne fut pas sans représailles ; car la Chimère avait déchiré profondément l'épaule du jeune homme avec une de ses griffes, et légèrement endommagé l'aile gauche de Pégase. Cependant la tête de lion était mortellement blessée, et elle pendait vers la terre, exhalant son dernier souffle dans un nuage de vapeur. La tête de serpent, dans laquelle se concentrait à présent la vie des deux autres, avait aussi redoublé de rage et de venin. Elle vomit une trombe embrasée qui atteignit à cinq cents mètres

...lles mugirent avec une double rage. (*La chimère.*)

d'élévation, et poussa des sifflements si aigus, que le roi Jobate les entendit à plus de soixante lieues de là, et sentit avec épouvante s'ébranler son trône.

« Hélas ! pensa le pauvre monarque, voici sans doute la Chimère qui vient pour me dévorer ! »

Pégase avait fait une halte ; il hennissait de colère, et des étincelles jaillissaient de ses yeux. Quel contraste avec le feu lugubre de la Chimère ! Son ardeur et celle du héros étaient à leur comble.

« Tu saignes, mon immortel coursier ? s'écria celui-ci, oubliant son mal devant les tourments de cette glorieuse créature qui n'aurait jamais dû en ressentir. Notre exécrable ennemi va payer ce crime de sa dernière tête ! »

Il communique une troisième fois un mouvement à la bride, jette un cri, et guide Pégase, non plus de côté, mais droit au monstre. L'élan fut aussi rapide que la foudre.

La Chimère, depuis la perte de sa seconde tête, était en proie à toutes les convulsions de la furie et de la douleur. Elle se débattait moitié sur terre, moitié en l'air, de telle façon qu'il était difficile de dire quel était son élément. Sa gueule de reptile présentait une ouverture si épouvantable, que Pégase aurait bien pu, comme j'étais tenté de l'affirmer, s'y engouffrer, les ailes étendues, y compris son cavalier ! A leur approche, elle dégagea une bouffée sulfureuse qui enveloppa Bellérophon et son coursier, non sans roussir les ailes de l'un et tout un côté des cheveux de l'autre. Tous deux ressentaient, je vous assure, une chaleur beaucoup trop forte pour être à leur aise.

Mais ce n'était rien auprès de ce qui suivit.

Quand Pégase se fut élancé vers le monstre, au moment où il n'était plus éloigné que d'une centaine de mètres, la Chimère fit un bond, enroula autour de lui ses membres visqueux, et l'étreignit de toute la force de ses muscles puissants. Le noble habitant des airs a repris un nouvel essor; il monte toujours, au-dessus des pics, au delà des nues, et perd presque de vue la terre. Le monstre ne lâche pas sa proie et traverse les nuages, toujours attaché à Pégase. Bellérophon se retourne et se trouve face à face avec l'horrible Chimère; il ne doit qu'à son bouclier de ne pas être brûlé vif, ou coupé en deux par ses effroyables mâchoires. Il jette un coup d'œil au-dessus de l'arme protectrice, il fixe ses yeux sur ceux du monstre, qui, exaspéré par la douleur, ne se garantit pas aussi bien que l'exigeait son péril.

Peut-être qu'après tout le meilleur moyen pour combattre une chimère consiste à l'approcher autant que possible. Dans son effort pour déchirer son ennemi de ses terribles ongles, celle-ci découvre sa poitrine. Bellérophon saisit ce moment et lui enfonce dans le cœur son glaive jusqu'à la garde. Les replis de la queue se dénouèrent alors d'eux-mêmes. Le monstre abandonna le corps de Pégase, et retomba du haut des nues. Le feu renfermé dans son sein, au lieu de s'éteindre, ne s'en ranima que plus violent, et eut bientôt réduit en cendres ce cadavre informe. Ainsi tomba du ciel cette carcasse en combustion ; et, comme elle n'avait pas encore touché la terre avant que la nuit fût survenue, on prit cette traînée lumineuse pour une comète ou pour une étoile filante.

A l'aurore, quelques villageois, se rendant à leurs travaux, virent, à leur grande surprise, que plusieurs arpents de terrain étaient parsemés de cendre noire. Dans le milieu d'un champ, il y avait un tas d'ossements blanchis, beaucoup plus élevés qu'une meule de foin ; mais depuis lors on n'entendit plus parler de la Chimère.....

Bellérophon, après sa victoire, se pencha sur le cou de Pégase et l'embrassa les larmes aux yeux.

« Retournons maintenant, mon coursier bien-aimé, lui dit-il, retournons à la source de Pirène. »

Ce dernier franchit l'espace avec une célérité qu'il n'avait jamais eue, et peu d'instants lui suffirent pour atteindre la fontaine. Là se rencontraient de nouveau le vieillard incliné sur son bâton, le villageois qui faisait boire sa vache, et la jolie fille qui remplissait sa cruche.

« Oh ! je m'en souviens à présent, dit le premier, j'avais déjà vu une fois le cheval ailé ; j'étais tout jeune alors. Mais il était dix fois plus beau dans ce temps-là.

— J'ai un cheval de charrette qui en vaut trois comme lui, reprit le paysan. Si le vôtre était à moi, je commencerais par lui couper les ailes! »

Quant à la jeune fille, elle ne dit rien, car il lui arrivait toujours d'avoir peur mal à propos; elle prit la fuite, et laissa tomber sa cruche, qui se brisa.

« Où est le charmant petit garçon qui me tenait compagnie, et qui, plein de foi, ne se fatiguait jamais de regarder dans la fontaine?

— Me voici, mon cher Bellérophon, » dit l'enfant de sa voix douce.

En effet, il avait attendu chaque jour, sur la margelle de la fontaine, le retour de son ami; mais à la vue de celui-ci, descendant du haut des nues sur le dos du cheval ailé, il s'était réfugié dans le buisson. C'était une âme délicate et affectueuse; et il avait peur de laisser voir au vieillard et au villageois les larmes qui lui roulaient dans les yeux.

« Tu as triomphé! s'écria-t-il avec effusion et en courant aux genoux de son ami qui était toujours à cheval. Je savais bien que tu reviendrais victorieux.

— Oui, mon enfant! répliqua le vainqueur en mettant pied à terre. Mais, si ta confiance n'eût pas soutenu mon courage, je n'aurais pas attendu l'arrivée de Pégase; je ne me serais jamais élevé au-dessus des nuages, et n'aurais pas abattu la Chimère ! C'est toi, mon petit bien-aimé, c'est toi qui as tout fait. Maintenant, rendons la liberté à Pégase. »

Et il enleva la bride au coursier merveilleux.

« Sois libre pour toujours, mon Pégase ! cria-t-il avec des larmes dans la voix. Sois aussi libre que tu es rapide ! »

Mais Pégase reposa sa tête sur l'épaule de son maître, et ne voulut point partir.

« Eh bien ! alors, dit celui-ci en caressant sa crinière soyeuse, reste avec moi tant que tu voudras. Allons, par exemple, annoncer au roi Jobate la destruction de la Chimère ! »

Puis il embrassa le gracieux enfant, lui promit de revenir, et disparut.

Plus tard, à son tour, cet enfant s'éleva sur les ailes de l'immortel coursier, et, atteignant des sphères nouvelles, accomplit des hauts faits encore plus glorieux que la victoire de son ami sur la Chimère.

Car, de tendre et gracieux qu'il était, cet enfant devint.... un grand poëte !

Eustache Bright avait raconté la légende de Bellérophon avec une ardeur et une animation telles, qu'on l'aurait dit lui-même emporté par Pégase. Il eut la satisfaction de lire sur les visages épanouis de ses auditeurs qu'il avait excité un vif intérêt. Tous les yeux exprimaient la joie, excepté ceux de Primerose, où l'on voyait des larmes ; car elle avait senti dans la légende quelque chose qui échappait à l'intelligence de ses jeunes camarades. Bien que ce ne fût qu'une histoire racontée pour des enfants, l'écolier avait su y mettre l'enthousiasme, la générosité, l'espérance, l'imagination de la jeunesse.

« Je vous pardonne maintenant le ridicule que vous cherchiez à jeter sur moi et sur mes récits, lui dit Eustache. Une larme rachète bien des railleries.

— C'est vrai, monsieur Bright, répondit Primerose en essuyant ses yeux et en lui lançant un de ses regards mutins ; cela élève certainement les idées d'avoir la tête au-dessus des nuages. Je vous conseille de ne jamais rien raconter, si ce n'est quand vous serez sur une montagne.

— Ou sur le dos de Pégase, répliqua Eustache en riant. Pensez-vous que j'aie réussi à atteindre ce merveilleux coursier?

— Je croyais vous voir exécuter quelques-uns de vos tours de force! cria Primerose en frappant dans ses mains. Il me semble que vous êtes encore à deux lieues d'élévation, et la tête en bas! Il est heureux que vous n'ayez réellement pas l'occasion de montrer votre talent d'écuyer sur un coursier plus fringant que notre sage *Pary* ou notre vieux *Centenaire*.

— Pour ma part, je voudrais que Pégase lui-même fût ici en ce moment, dit l'écolier. Je le monterais tout de suite et galoperais à travers la campagne; je ferais une visite aux auteurs, mes confrères. Le docteur Dewey[1] serait sur mon chemin, au pied du Taconic; à Stockbridge est M. James[2]; qui, du haut de sa montagne de romans et d'histoires, est aperçu du monde entier. Longfellow[3], je pense, n'est pas encore à l'Ox-Bow; autrement, nous entendrions dans les environs hennir le cheval aux ailes argentées. A Lenox, je trouverais notre romancière la plus fidèle[4], qui a peint la nature et la vie de Berkshire, d'après sa propre expérience. De l'autre côté de Pittsfield réside Herman Melville[5], tout entier à la conception gigantesque de sa *Baleine Blanche*, contemplant Graylock de la

---

1. Le docteur Dewey, ministre de l'église unitairienne, connu pour ses ouvrages théologiques.
2. M. James, aujourd'hui consul d'Angleterre à Richmond, capitale de la Virginie.
3. Henri W. Longfellow, le poëte américain le plus éminent, aussi célèbre en Angleterre qu'aux États-Unis, camarade d'études de Hawthorne.
4. Miss Catherine-Marie Sedgwick, née à Stockbridge (Massachussets). Romancière estimée pour sa grâce et son esprit d'observation. L'ouvrage auquel il est fait allusion ici est *Hope Leslie*.
5. Herman Melville, un des conteurs les plus populaires aux États-Unis. Il est remarquable pour sa verve, l'originalité de ses conceptions et le pittoresque de son style.

fenêtre de son cabinet. Un autre élan de mon coursier m'amènerait à la porte de Holmes[1], que je mentionne le dernier, parce que Pégase me désarçonnerait certainement une minute après pour réclamer le poëte comme son cavalier favori.

— N'avons-nous pas un auteur dans notre plus proche voisin, demanda Primerose, cet homme silencieux qui demeure à la vieille maison rouge, près de l'avenue de Tanglewood, et que nous rencontrons quelquefois sur les bords du lac ou dans les bois, accompagné de ses enfants? Je crois avoir entendu dire qu'il avait écrit un poëme, ou quelque livre de ce genre.

— Chut! Primerose, arrêtez! s'écria Eustache avec vivacité en portant son doigt à ses lèvres. Pas un mot de plus de cet homme, même sur la cime d'une montagne! Si notre bavardage parvenait à ses oreilles, et, par hasard, ne lui plaisait pas, il n'a qu'à jeter dans son poêle un cahier ou deux de papier, et vous et moi, Primerose, Pervenche, Joli-Bois, Bluet, Marguerite, Fleur-des-Pois, Églantine, Dent-de-Lion, Primevère, Pâquerette, Plantain et Bouton-d'Or, le savant M. Pringle lui-même avec ses critiques amères sur mes récits, et jusqu'à mistress Pringle, nous nous en irions tous

1. Olivier Wendell Holmes, professeur d'anatomie et de physiologie à Harvard-College, près de Boston; aussi distingué comme poëte que comme professeur.

en fumée! Notre voisin de la maison rouge est, je crois, assez inoffensif de sa nature à l'égard du reste des mortels; mais quelque chose me dit qu'il a sur nous une puissance terrible, qui va jusqu'à lui permettre de nous anéantir.

— Et Tanglewood serait-il comme nous changé en fumée? demanda Pervenche, toute bouleversée par la menace d'une pareille catastrophe; et Ben, et Martin, que deviendraient-ils?

— Tanglewood resterait debout, repartit l'écolier, et conserverait son aspect habituel; mais il serait occupé par une famille entièrement différente. Ben et Martin survivraient, et se régaleraient toujours des os enlevés de la table, sans se souvenir du bon temps que nous avons passé ensemble!

— Quelles folies vous débitez à ces enfants! » s'écria Primerose.

Tout en babillant de la sorte, la petite société avait déjà commencé à descendre le coteau, et se trouvait sous les arbres. Primerose avait cueilli quelques branches de laurier de montagne, dont les feuilles, quoique de l'année précédente, avaient conservé leur verdure et leur souplesse, en résistant aux attaques de la gelée et du givre. Elle en forma une guirlande, et, après avoir enlevé la casquette de l'écolier, elle la lui posa sur le front.

« Comme il n'est pas probable que personne vous décerne une couronne pour vos histoires, dit-elle avec finesse, veuillez recevoir celle que je vous offre.

— Ne vous imaginez pas, reprit Eustache, qui ressemblait vraiment à un jeune poëte, avec ses boucles brillantes entourées de lauriers, que cette couronne soit la seule que me vaudront ces récits merveilleux. J'ai l'intention d'employer tous mes loisirs, pendant le reste des vacances, à les écrire afin de les donner à la presse. M. J. T. Fields[1], avec qui j'ai fait connaissance pendant son séjour à Berkshire, l'été dernier, et qui est poëte en même temps qu'éditeur, reconnaîtra au premier coup d'œil leur mérite peu ordinaire. Il les publiera avec des illustrations, dues, j'espère, au crayon de Billings[2], et les produira sous les meilleurs auspices, avec l'aide de l'éminente maison Tickner et Cie. En moins de cinq mois, je ne doute pas que le livre ne soit rangé parmi les chefs-d'œuvre du siècle!

— Pauvre garçon! dit à part Primerose. Quel désappointement il se prépare! »

Quand ils eurent fait encore quelques pas, Martin se mit à japper et reçut pour réponse les aboiements plus sonores du vénérable Ben. On fut bientôt en

---

1. M. Fields et M. Tickner, tous deux écrivains distingués de Boston, et les éditeurs les plus littéraires de l'Union. On doit à M. Tickner un ouvrage du plus grand mérite : l'*Histoire de la littérature espagnole*.

2. M. Billings, artiste américain, auteur de gracieuses illustrations.

vue du bon vieux serviteur, gardien fidèle et attentif de Dent-de-Lion, de Joli-Bois, de Primevère et de Fleur-des Pois. Ce petit groupe, tout à fait reposé de ses fatigues, avait fait une cueillette de prunelles, et courut à la rencontre de ses aînés. Ainsi réunie, la bande entière descendit en traversant les vergers de Luther Butler, et s'achemina de son mieux vers Tanglewood.

FIN.

TABLE.

Introduction.................................... Page
Préface de l'auteur..............................
La tête de la Gorgone............................
Le Toucher d'Or.............................. 51
Le Paradis des Enfants....................... 89
Les Trois Pommes d'Or........................ 125
La Cruche miraculeuse........................ 169
La Chimère................................... 207

FIN DE LA TABLE.

Ch. Lahure, imprimeur du Sénat et de la Cour de Cassation,
rue de Vaugirard, 9, près de l'Odéon.

Librairie de L. HACHETTE et Cⁱᵉ, rue Pierre-Sarrazin, nº 14, à Paris.

CATALOGUE
DE LA BIBLIOTHÈQUE DES CHEMINS DE FER
FORMAT IN-16
PAR SÉRIES DE PRIX.

Volume à 30 centimes.

Le Parc et les grandes Eaux de Versailles (*Fr. Bernard*).

Volumes à 50 centimes.

Petit guide de Paris à Rouen.
Petit guide de Paris à Nantes.
Petit guide de Paris au Havre.
De Paris à Corbeil.
Enghien et la vallée de Montmorency.
Promenade au château de Compiègne.
Gutenberg (*de Lamartine*).
Héloïse et Abélard (*id.*).
Histoire du siége d'Orléans (*Jules Quicherat*).
Assassinat du maréchal d'Ancre.
La Conjuration de Cinq-Mars.
La Conspiration de Walstein.
La Vie et la Mort de Socrate.
Légende de Charles le Bon.
La Jacquerie.
La Saint-Barthélemy.
La Mine d'ivoire.
Pitcairn.

La Bourse (*de Balzac*).
Scènes de la vie politique (*id.*).
Zadig (*Voltaire*).
Jonathan Frock (*Henri Zschokke*).
Costanza (*Cervantès*).
La Bohémienne de Madrid (*Cervantès*).
Voyage à la recherche de la santé (*Sterne*).
Le Joueur (*Regnard*).
L'Avocat Patelin (*Brueys*).
La Métromanie (*Piron*).
Le Philosophe sans le savoir (*Sedaine*).
Le Cid Campéador (*de Monseignat*).
Voyage du comte de Forbin à Siam.
Palombe (*J. Camus*).
Les Arlequinades (*Florian*).
Aladdin ou la Lampe merveilleuse.
Djouder le Pêcheur.

Volume à 75 centimes.

Petit guide de l'étranger à Paris (*Fr. Bernard*).

Volumes à 1 franc.

Petit guide de l'étranger à Paris (*Fr. Bernard*). Relié.
Petit guide de l'étranger à Versailles (*Joanne*). Relié.
Petit guide illustré de Paris, édition allemande (*Wilhelm*).
Petit guide illustré de Paris, édition anglaise (*Fielding*).
Le nouveau bois de Boulogne (*Lobet*).
De Strasbourg à Bâle (*Fr. Bernard*).
De Paris à Sceaux et à Orsay (*Joanne*).
De Paris à Orléans (*Moléri*).

De Paris à Saint-Germain (*Joanne*).
D'Orléans à Tours (*A. Achard*).
D'Orléans au centre (*id.*).
Versailles (*Fr. Bernard*).
Fontainebleau (*Joanne*).
Mantes (*Moutié*).
Vichy (*L. Piesse*).
Les eaux du Mont-Dore (*id.*).
Les Ports milit. de la France (*Neuville*).
Saint Dominique (*E. Caro*).
Saint François d'Assise et les Franciscains (*Fr. Morin*).

1ᵉʳ OCTOBRE 1857.

Guillaume le Conquérant, revu par M. *Guizot*.
Christophe Colomb (*de Lamartine*).
Fénelon (*id.*).
Geneviève (*id.*).
Graziella (*id.*).
Nelson (*id.*).
Jeanne d'Arc (*Michelet*).
Louis XI et Charles le Téméraire (*id.*).
Mazarin (*H. Corne*).
Richelieu (*id.*).
Histoire d'Henriette d'Angleterre (*Mme de La Fayette*).
Pie IX (*de Saint-Hermel*).
Charlemagne et sa cour (*B. Hauréau*).
Tancrède de Rohan (*Henri Martin*).
Deux Années à la Bastille (*de Staal*).
Campagne d'Italie (*Giguet*).
Édouard III (*Guizot*).
Les Émigrés français dans la Louisiane.
Les Convicts en Australie.
Voyage de Levaillant en Afrique.
Voyage en Californie (*E. Auger*).
Les Iles d'Aland (*Léouzon Le Duc*).
Ernestine. — Caliste. — Ourika.
André (*George Sand*).
François le Champi (*id.*).
La Mare au diable (*id.*).
La petite Fadette (*id.*).
La dernière Bohémienne (*Mme Charles Reybaud*).
Faustine et Sydonie (*id.*).
Le cadet de Colobrières (*id.*).
Mademoiselle de Malepeire (*id.*).
Clovis Gosselin (*Alph. Karr*).
Contes et nouvelles (*id.*).
Geneviève (*id.*).
Hortense; Feu Bressier (*id.*).
La famille Alain (*id.*).
Le chemin le plus court (*id.*).
Les lettres et l'homme de lettres au XIX⁰ siècle (*Demogeot*).
La Critique et les critiques en France au XIX⁰ siècle (*id.*).
Les Matinées du Louvre (*Méry*).
Contes et nouvelles (*id.*).
Nouvelles nouvelles (*id.*).
Les roués sans le savoir (*Ulbach*).
Un rossignol pris au trébuchet (*X.-B. Saintine*).
Les trois reines (*id.*).
Antoine, l'ami de Robespierre (*id.*).
Le mutilé (*id.*).

Burk l'Étouffeur; les Frères de Stirling (*Fr. de Mercey*).
Christine (*L. Enault*).
Marthe; — Un Cas de conscience, nouvelles (*Belot*).
Un mariage en province (*Mme L. d'Aunet*).
Une vengeance (*id.*).
Madame Rose; — Pierre de Villerglé (*Am. Achard*).
Souvenirs d'un voyageur (*Ed. Laboulaye*).
Un peu partout (*F. Mornand*).
Vittoria Colonna (*Le Fèvre Deumier*).
Contes excentriques (*C. Newil*).
L'Amour dans le Mariage (*M. Guizot*).
Pierrette (*de Balzac*).
Les Oies de Noël (*Champfleury*).
La Colonie rocheloise (*abbé Prévost*).
Le Lion amoureux (*F. Soulié*).
Militona (*Th. Gautier*).
Paul et Virginie (*B. de Saint-Pierre*).
Stella et Vanessa (*L. de Wailly*).
Théâtre choisi de *Beaumarchais*.
Théâtre choisi de *Lesage*.
La Bataille de la vie (*Dickens*).
La Mère du Déserteur (*Walter Scott*).
Le Grillon du Foyer (*Dickens*).
Jane Eyre (*Currer-Bell*).
La Jeunesse de Pendennis. — Le Diamant de famille (*Thackeray*).
Le Tueur de lions (*Jules Gérard*).
Le Mariage de mon grand-père.
Lettres choisies de lady *Montague*.
Scènes de la vie maritime (*Basil Hall*).
Scènes du bord et de la terre ferme (*id.*).
Nouvelles d'Edgard Poë.
Contes d'*Auerbach*.
Cranford (*Gaskell*).
La Fille du Capitaine (*Pouschkine*).
Roméo et Juliette (*Gœthe*).
Werther (*id.*).
Tarass Boulba (*Nic. Gogol*).
Nouvelles choisies de *Nic. Gogol*.
Nouvelles choisies du comte *Sollohoub*.
Contes merveilleux d'*Apulée*.
Le Jardinage (*Ysabeau*).
La Télégraphie électrique (*V. Bois*).
Les Chemins de fer français (*id.*).
Fables de *Fénelon*.
Voyages de Gulliver (*Swift*).
Enfances célèbres (*Mme L. Colet*).
Anecdotes du règne de Louis XVI.
Anecdotes du temps de la Terreur.

Anecdotes du temps de Napoléon Ier.
Anecdotes historiques et littéraires.
Aventures de Cagliostro (*de St-Félix*).
Aventures du baron de Trenck (*Boiteau*).
Mesmer (*Bersot*).
La Sorcellerie (*Louandre*).
Le Guide du bonheur.
Le véritable Sancho-Panza (*J......*).
Aventures d'une Colonie d'émigrants.
Tolla (*Edm. About*).
L'Interprète anglais-franç. (*Fleming*).
L'Interprète français-anglais (*id.*).
Un chapitre de la Révolution française (*de Monseignat*).
Aventures de Robert Fortune en Chine.
La Nouvelle-Calédonie (*Ch. Brainne*).
Eugénie Grandet (*de Balzac*).
Ursule Mirouët (*id.*).
La Fille du chirurgien (*Walter Scott*).
Études biograph. (*Le Fèvre Deumier*).
OEhlenschlager (*id.*).
Nouvelles danoises, trad. par *X. Marmier*.
De France en Chine (Dr *Yvan*).
Les Chasses princières (*E. Chapus*).
Le Turf (*id.*).
Mémoires d'un Seigneur russe (*Tourguéneff*).
Les Cartes à jouer (*P. Boiteau*).
Visite à l'Exposition universelle de 1855 (*Tresca*).

Volumes à 2 francs.

De Paris à Bruxelles (*E. Guinot*).
De Paris à Calais, à Boulogne et à Dunkerque (*id.*).
L'interprète anglais-français. } Reliés.
L'interprète français-anglais. }
De Paris à Lyon (*Fr. Bernard*).
De Lyon à la Méditerranée (*id.*).
De Paris à Caen (*L. Enault*).
De Paris au Havre (*E. Chapus*).
De Paris à Dieppe (*id.*).
De Paris à Strasbourg (*Moléri*).
L'interprète français - allemand (*de Suckau*).
De Paris au centre de la France (*A. Achard*).
De Paris au Mans (*Moutié*).
Belgique (*Mornand*).
Guide du voyageur à Londres.
Les Bords du Rhin (*Fr. Bernard*).
Versailles (*Joanne*), broché.
Fontainebleau.
Versailles. } Reliés.
Vichy.
Madame de Maintenon (*G. Héquet*).
Law et son système (*Cochut*).
François Ier et sa cour (*B. Hauréau*).
Louis XIV et sa cour (*Saint-Simon*).
Le Régent et la cour de France (*Saint-Simon*).
Alfred le Grand (*G. Guizot*).
La Grande Charte (*C. Rousset*).
Origine des États-Unis (*P. Lorain*).
Souvenirs de Napoléon Ier (*de Las Cases*).
Voyages dans les glaces du pôle Arctique (*Hervé et de Lanoye*).
Le Japon contemporain (*Fraissinet*).
Mœurs de l'Algérie (*général Daumas*).
Le Tailleur de pierres de Saint-Point (*A. de Lamartine*).
Fables de *Viennet*.
Les Mariages de Paris (*Edm. About*).
Germaine (*id.*).
Le Roi des montagnes (*id.*).
Voyage à travers l'Exposition des beaux-arts (*id.*).
Ruth (Mme *Gaskell*).
Séjour chez le grand-chérif de la Mekke (*Ch. Didier*).
Cinquante jours au désert (*id.*).
Maurice de Treuil (*Am. Achard*).
Choix de petits drames (*Berquin*).
Contes choisis d'*Andersen*.
Contes de Fées (*Perrault*, etc.).
Contes de l'Enfance (*Miss Edgeworth*).
Contes de l'Adolescence (*id.*).
Contes des frères *Grimm*.
Contes merveilleux (*Porchat*).
Contes moraux (*Mme de Genlis*).
Nouveaux contes (*Mme de Bawr*).
Nouveaux contes de fées de Mme de *Ségur*.
Don Quichotte (*Cervantès*).
Douze histoires pour les enfants.
Histoire d'un navire (*Ch. Vimont*).
Légendes pour les enfants (*Boiteau*).
Le Livre des merveilles (*Hawthorne*).
Les Exilés dans la forêt (*Maine Reid*).
L'Habitation du désert (*id.*).

Les Jeux des adolescents (*Belèze*).
Les Jeux des jeunes filles (Mme de Chabreul).
Contes et légendes (*Hauff*).
La Caravane (*id.*).
L'Auberge du Spessart (*id.*).
Le Livre des merveilles (*Hawthorne*).
La Petite Jeanne (*Mme Carraud*).
L'Hygiène (Dr *Beaugrand*).
La Pisciculture (*Jourdier*).
Maladies des pommes de terre, etc. (*A. Payen*).
Les Abeilles (*de Frarière*).
La Cuisine française (*Gogué*).

Le Sport à Paris (*E. Chapus*).
Souvenirs de Chasse (*L. Viardot*).
Opulence et Misère (*Mrs Ann. S. Stephens*).
Voyage d'une femme au Spitzberg (*Mme L. d'Aunet*).
Caprices et Zigzags (*Théophile Gautier*).
Italia (*id.*).
La Baltique (*Léouzon Le Duc*).
La Russie contemporaine (*id.*).
La Grèce contemporaine (*Ed. About*).
L'Inde contemporaine (*Lanoye*).
La Turquie actuelle (*Ubicini*).
La Foire aux vanités (*Thackeray*).

Volumes à 3 francs.

De Paris à Bordeaux (*Joanne*).
De Paris à Nantes (*id.*).
Guide to Versailles, Saint-Cloud, Ville-d'Avray, Meudon, Bellevue and Sèvres (*Ad. Joanne*).
Belgique.
De Lyon à la Méditerranée.
De Paris à Bâle.
De Paris à Bruxelles.
De Paris à Dieppe.
De Paris à Lyon.
De Paris à Strasbourg.
De Paris au Centre.
De Paris au Havre.
De Paris au Mans.
Guide du voyageur à Londres.
Les Bords du Rhin.
L'interprète franç.-allemand, relié.
Atala, René, les Natchez (*de Chateaubriand*).
Le Génie du christianisme (*id.*).
Les Martyrs et le dernier des Abencerrages (*id.*).

} Reliés.

Des Substances alimentaires (*Payen*).
La Chasse à courre (*J. La Vallée*).
La Chasse à tir (*id.*).
Le Coureur des Bois, 2 vol. (*Gab. Ferry*).
Costal l'Indien (*id.*).
Scènes de la vie mexicaine (*id.*).
Menus propos (*Töpffer*).
Le Presbytère (*id.*).
Nouvelles génevoises (*id.*).
Rosa et Gertrude (*id.*).
Fontainebleau.

Prix exceptionnels.

Le Matériel agricole (*Jourdier*)... 4 fr.
Paris illustré (280 vignettes et 18 plans).
   Prix........................ 7 fr.
Le même, relié................ 8 fr.
Les Env. de Paris illustr. (*Joanne*). 7 fr.
Le même, relié................ 8 fr.
De Paris à Bordeaux, relié...... 4 fr.
De Paris à Nantes, relié........ 4 fr.

Ch. Lahure, imprimeur du Sénat et de la Cour de Cassation,
rue de Vaugirard, 9, près de l'Odéon.

Ch. Lahure, imprimeur du Sénat et de la Cour de Cassation, rue de Vaugirard, 9, près de l'Odéon.

www.ingramcontent.com/pod-product-compliance
Lightning Source LLC
Chambersburg PA
CBHW071246160426
43196CB00009B/1186